dtv

Schon kurz nach dem Erscheinen des ersten Kochbuchs »Meine Rezepte« war klar: Die Rezepte funktionieren und man kann auch ohne große Erfahrung und ohne große Begabung am Herd erfolgreich sein. Diesem Anspruch fühlt sich Alfred Biolek weiterhin verpflichtet. Die neuen Rezepte in diesem Buch sind von ihm auf Herz und Nieren geprüft worden. Alfred Bioleks Rezepte stehen für Einfachheit, Unkompliziertheit und gutes Gelingen. Und weil ihm auch ein guter Wein am Herzen liegt und Essen und Trinken nun mal zusammengehören, erfährt der Leser noch seine ganz persönliche Sicht der Weinwelt. Alfred Biolek beschreibt, welcher Wein zu welchem Essen paßt, wobei er nicht auf das Urteil von »Weinpäpsten« vertraut, sondern sich von seinem Geschmack leiten läßt.

Alfred Biolek, geboren 1934, Jurist, kocht seit 1994 in »alfredissimo« mit prominenten Gästen, die ihre Lieblingsrezepte vorstellen. Er hat mehrere Kochbücher verfasst (u. a. »Meine Rezepte«), die alle die Bestsellerlisten eroberten.

Alfred Biolek

Meine neuen Rezepte und Wein, wie ich ihn mag

Mit Zeichnungen von
Franziska Becker und Papan
und Fotos von
Christian von Alvensleben

Deutscher Taschenbuch Verlag

Von Alfred Biolek ist im Deutschen Taschenbuch Verlag erschienen:
Meine Rezepte (dtv 34197)

Ungekürzte Ausgabe
Januar 2006
Deutscher Taschenbuch Verlag GmbH & Co. KG, München
www.dtv.de

Zeichnungen: Franziska Becker und Papan
Fotos: Christian von Alvensleben
Redaktion und DTP: Reinhardt Hess
Redaktionelle Beratung: Claus Lüttig, Ralf Frenzel
Grafische Gestaltung: Georg Feigl/ZERO
Umschlagfoto: Christian von Alvensleben
Satz: MOHN Media · Mohndruck GmbH, Gütersloh
nach einer Vorlage von Karin Mayer und
Peter Karg-Cordes (Zabert Sandmann)
Druck und Bindung: MOHN Media · Mohndruck GmbH, Gütersloh
Gedruckt auf säurefreiem, chlorfrei gebleichtem Papier
Printed in Germany · ISBN 3-423-34271-4

Meine neuen Rezepte und Wein, wie ich ihn mag

Meine neuen Rezepte

Schon kurz nach dem Erscheinen meines ersten Kochbuches »Meine Rezepte« hatte sich schnell herumgesprochen: »Die Rezepte funktionieren« und »mit diesen Rezepten kann man auch ohne große Erfahrung und ohne große Begabung am Herd erfolgreich sein«. Ich höre das immer wieder. »Sie haben meine Ehe gerettet«, sagte neulich dankbar eine feine Dame zu mir. »Ich habe so schlecht gekocht – das war eine gefährliche Belastung für unsere Beziehung. Seit ich Ihr Buch habe, gibt es bei uns nur noch strahlende Gesichter bei Tisch.«

Das vorliegende Buch ist bei der Auswahl und Formulierung der Rezepte von dem gleichen Anspruch ausgegangen. Die Rezepte des ersten Buches waren schon viele Jahre vor »alfredissimo!« für mich oder für meinen Kochfreund Claus die Basis unserer Leidenschaft am Herd. Dabei wurden die Rezepte immer wieder überprüft, nachgebessert, umgeschrieben. Auf diese Weise wurden auch alte Rezepte meiner Mutter »modernisiert« und so formuliert, daß sie auch für eine nicht so geniale Köchin, wie sie es war, leicht nachkochbar wurden. Auch die Zusammensetzung der Gerichte aus Tradition und Moderne erklärt sich aus dieser Herkunft der Rezepte.

Die neuen Rezepte in diesem Buch, die wieder von Claus Lüttig und mir gesammelt wurden, sind auf andere Weise einer sorgfältigen Prüfung unterzogen worden. Durch die Vorbereitung und Produktion von vielen Folgen von »alfredissimo!«, in denen ich diese neuen Rezepte verwendet habe, wurden sie auf Herz und Nieren geprüft. Da diese Sendungen ohne Unterbrechung in einem Stück aufgezeichnet werden, muß jedes Rezept perfekt funktionieren. Und es muß einfach sein, damit das Gericht schnell und unkompliziert herzustellen ist.

So sehr sich die praktische Verwendbarkeit dieses neuen Kochbuches am ersten orientiert, so sehr unterscheidet es sich in vielem von diesem: Es gibt nur noch wenige traditionelle Gerichte, weil diese oft von meinen Gästen gekocht werden und weil ich mit den Klassikern der Kochbücher nicht konkurrieren kann und will. Neu ist der Textteil über Wein, wie ich ihn mag. Es ist meine ganz persönliche Sicht der Weinwelt. Wer sich mit Wein – vielleicht angeregt durch meine Zeilen – näher und intensiver beschäftigen will, findet eine Liste von Fachbüchern über Wein, die ich empfehlen kann.

Anders als im ersten Buch ist auch der Bildteil. Der Fotograf Christian von Alvensleben hat mich, den eingefleischten Städter, bewußt auf eine Landpartie in den Rheingau eingeladen. Städter träumen meistens vom Leben auf dem Land (ob das umgekehrt auch so ist, weiß ich nicht). Für mich hat sich dieser Traum für ein paar Tage erfüllt. Daß mich dabei der Weinhändler meines Vertrauens, Winzer, wie ich sie mag, und Freunde, wie ich sie liebe, begleitet haben, hat mich glücklich gemacht. Man sieht es den Fotos an. Glücklichsein, das ist kein Dauerzustand. Wenn das ein paar Tage dauert, ist es schon sehr viel. Aber bei einem guten Essen und gutem Wein mit den richtigen Menschen am richtigen Ort kann sich dieser Zustand immer wieder einstellen. Ich würde mich freuen, wenn dieses Buch dabei behilflich sein dürfte.

Wein, wie ich ihn mag

> Essen ist besser als Trinken für jemand unter vierzig; danach gilt die umgekehrte Regel.
>
> *Talmud*

Wie beim Kochen bin ich als Weinliebhaber – das Wort sagt es schon – Amateur und kein Experte. Insofern sind alle meine Aussagen sehr persönlich und beruhen weitestgehend auf meinen eigenen Erfahrungen. Daß mir Weinkenner und Experten dabei geholfen haben, diese Erfahrungen zu machen, wird nicht verwundern. Aber ich habe nie die Meinung der Experten einfach übernommen. Denn auch der größte Weinexperte kann – abgesehen von ein paar objektiven Kriterien, über die noch zu sprechen sein wird – nur sagen, wie ihm oder ihr der Wein schmeckt.

Es herrscht seit einigen Jahren in der Weinwelt eine große Expertenhörigkeit. Weinsammler verlassen sich zunehmend nicht mehr auf ihren Geschmack, sondern auf das Urteil von »Weinpäpsten« wie Robert M. Parker. Das halte ich für eine fatale Entwicklung. Sie hat weder mit dem Wein noch mit seinen Wonnen etwas zu tun. Es degradiert den Wein zu einem fast beliebigen Produkt, dessen Qualität nicht mehr davon abhängt, welchen Genuß es mir bereitet, sondern wie viele Punkte es auf irgendeiner Bewertungsskala bekommt. Mein Verständnis ist davon meilenweit entfernt.

Ich habe einmal einen katholischen Moraltheologen gefragt, welches die oberste Instanz in Sachen Moral sei. Er antwortete, daß dies seiner Meinung nach nicht der Papst, sondern einzig und allein das eigene Gewissen ist. Das übertrage ich auf den Wein, zumindest was seine geschmackliche Qualität betrifft (es gibt wie gesagt objektive Qualitätskriterien). Für mich ist in der Beurteilung eines Weines die oberste Instanz nicht ein selbsternannter Weinpapst, sondern mein Geschmack.

Natürlich muß ein Geschmack sich entwickeln, wie das Gewissen auch. Das Gewissen entwickelt sich durch die Werte, die wir vom Elternhaus, von der Schule, vom Staat (Gesetze) und von der Gesellschaft vermittelt bekommen. Je nachdem, ob man sie beachtet oder verrät, hat man ein gutes oder schlechtes Gewissen. Dann fängt man an, die Werte, die einem vermittelt wurden, zu hinterfragen, zu überprüfen und zu vergleichen. Man wird auch einige völlig in Frage stellen. Erst wenn dieser Prozeß durch eigene freie Entscheidung in Gang gesetzt wird, beginnt man, ein Gewissen zu haben, das als höchste moralische Instanz fungieren kann.

So ähnlich ist das mit dem »Weingewissen«. Zunächst kann man mit Sicherheit sagen, daß ein solches Weingewissen nicht existiert, solange man ein Zufallstrinker ist. Erst wer anfängt, Weine bewußt zu trinken, auf die

Traubensorte, auf das Herkunftsland und anderes zu achten, und wer bewußt Weine miteinander vergleicht, wird zum bewußten Weintrinker und fängt damit an, sein Weingewissen zu entwickeln. Dabei sollte man sich vorher von Kennern – Freunden, Händlern, Weinbüchern – ruhig helfen lassen. Geschmack hat – nicht nur beim Wein – sehr viel mit Erinnern zu tun.

Ich habe leider erst spät in meinem Leben damit angefangen, einen kompetenten Weingeschmack zu entwickeln. Das hat viel mit meiner Generation zu tun, aber auch mit der weltweiten Entwicklung des Weines in den letzten zwanzig Jahren. Darüber gleich mehr.

Es gibt eine Variante des Zufalls-Wein-Trinkers: den Gewohnheits-Wein-Trinker. Das hat nichts mit einem Alkoholiker zu tun, der ja gerne auch Gewohnheitstrinker genannt wird. Ich meine damit Weinliebhaber, die in einer Weinregion leben und aus Gewohnheit nur den lokalen oder regionalen Wein trinken, obwohl sie auch Weine aus anderen Regionen kennen und schätzen.

Ich gehörte viele Jahre zu dieser Kategorie. Schon in der Jugend, die ich im württembergischen Remstal verbrachte, durfte ich das eine oder andere Glas mittrinken. Natürlich war damals der Geschmack ziemlich egal – es kam nur auf die recht angenehme Wirkung des Weines an.

Es wurde nicht viel besser, als ich zum Studium nach Freiburg ging, das mitten im badischen Weinland liegt. Auch die Jahre beim ZDF, die ich in Mainz und Wiesbaden verbrachte, machten mich trotz der Nähe zu den besten Weinregionen nicht wirklich zum bewußten Weintrinker. Durch Auslandsreisen und durch den Besuch italienischer Restaurants in Deutschland hatte ich gelernt, daß man Wein nicht nur auf Parties, sondern auch zum Essen trinken kann. Und zum Essen schmeckt nur trockener Wein, das merkte ich bald. So wurden der Edelzwicker (Verschnittwein aus dem Elsaß) und später der Pinot Grigio zur »Einstiegsdroge« einer neuen Weinwelt, der bescheidene Anfang einer neuen, bewußten Haltung zum Wein.

Weinprobe mit fünf Weißweinen

Als ich in den siebziger Jahren begann, vor der Kamera zu arbeiten, wurde mir durch Begegnungen und Einladungen klar, daß neben Edelzwicker, Pinot Grigio und Blanc de Blanc noch andere, größere Genüsse auf mich warteten. Zu diesem Zeitpunkt – Mitte bzw. Ende der siebziger Jahre – hatte ich auch schon einen Weinhändler meines Vertrauens gefunden. Er half mir, die Weine für eine Probe bei mir zu Hause am Küchentisch auszusuchen.

Dies waren ein deutscher Riesling, ein weißer Burgunder, ein Sancerre, ein Pinot Grigio und ein Müller-Thurgau, letzterer auch aus Deutschland. Er gab mir auch wichtige Tips für meine erste private Weinprobe mit Freunden. Er empfahl mir, alle Traubensorten nur in sehr guten Qualitätsweinen zu probieren. Der Grund: Man will die verschiedenen Traubensorten nicht nur vergleichen, sondern auch herausfinden, ob man sie überhaupt mag. Wenn der erste Chardonnay, den ich ganz bewußt trinke, ein Wein minderer Qualität ist, kann es passieren, daß ich glaube, diese Traubensorte nicht zu mögen – dabei lag es nur am schlechten Wein. Ergänzend empfahl mein Weinhändler dann, wenn ich den spezifischen Geschmack einer Traubenart durch einen guten, teuren Wein kennengelernt habe, könne ich danach auch bei preiswerteren Weinen suchen und versuchen, einen Wein zu finden, der dem »Leitwein« möglichst nahekommt. Damals war es leicht, diesem Rat mit großen Namen aus Frankreich zu folgen – sie waren alle noch bezahlbar. Die deutschen und italienischen Weine waren ohnehin preiswert.

Wichtig bei so einer Probe ist, daß man die Weine nicht nacheinander, sondern nebeneinander trinkt. Für fünf Weine und fünf Koster braucht man daher 25 Gläser. Das müssen nicht überteuerte Rolls-Royce-Gläser sein. Es gibt sehr preiswerte Bistro-Gläser, mit denen man diese ersten Weinerfahrungen gut machen kann. Noch einen Tip gab mir mein Weinhändler: Weißwein kann man im Gegensatz zu Rotwein nach dem Öffnen noch bis zu einer Woche zugekorkt ohne Geschmacksverlust aufbewahren. Für den Fall, daß die Tester nicht alles schaffen, ist das gut zu wissen.

Ich weiß heute natürlich nicht mehr, wie mir die Weine damals geschmeckt haben. Inzwischen habe ich viele solcher Proben in jedem Umfang und in jeder Preisklasse mitgemacht. Interessant ist es, nicht nur Weine aus verschiedenen Traubensorten, sondern zum Beispiel Chardonnay-Weine verschiedener Preiskategorien oder verschiedener Länder und Kontinente untereinander zu vergleichen. Ich werde daher versuchen, die verschiedenen Weißweinsorten aus meiner heutigen Sicht zu beschreiben, sozusagen Wein, wie ich ihn heute mag.

Die Riesling-Traube

Wenn ich von Riesling spreche, dann meine ich deutschen Riesling. Es gibt kein Weinland der Welt, dessen Boden und Klima so ideal für diese Traubensorte sind. Daher wird der Riesling in anderen Ländern wenig oder gar nicht angebaut. In Deutschland – im Gegensatz zu Frankreich – wird oft die Traube auf dem Etikett genannt. So ist es einfach, einen deutschen Riesling zu finden. Ich habe immer wieder erlebt, daß Weine, auf deren Etikett zwar die Traubensorte, aber keine Region, keine Lage und kein Winzer angegeben waren – zum Beispiel »Rhein-Riesling« aus einer »Weinfabrik« –, sehr schlecht und manchmal sogar ungenießbar waren. Natürlich garantieren Region, Lage und Winzer keinesfalls, daß es sich um einen gut genießbaren Wein handelt. Aber die Wahrscheinlichkeit ist größer.

Der deutsche Riesling wird von Weinkennern in der ganzen Welt hoch geschätzt und die Rieslingtraube als einzige deutsche Traube zu den großen Klassikern gezählt. Teilt man die Traubensorten – wie es Joanna Simon in ihrem Weinbuch tut – in klassische Trauben-, wichtige Trauben-, andere verbreitete Trauben- und weniger bekannte Traubensorten ein, dann tauchen außer dem Riesling in

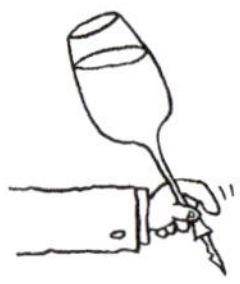

der ersten Kategorie alle anderen in Deutschland angebauten Weißweintrauben erst ab der dritten Kategorie auf. Das hat nichts mit den produzierten Mengen, sondern mit der Qualitätseinstufung durch die internationalen Weinfachleute zu tun. Wer vor 100 Jahren von deutschem Wein sprach, meinte Riesling. Der Riesling hat wahrscheinlich deswegen den deutschen Weingeschmack und die diesem Geschmack dienende deutsche Weinproduktion nachhaltig beeinflußt. Ich kenne keinen Wein, der einen so hohen Säureanteil in der Traube hat wie der Riesling.

Ein voll durchgegorener Riesling war lange Zeit dem deutschen Weintrinker zu sauer, nicht zuletzt deswegen, weil in vielen Gebieten Deutschlands traditionell Wein nicht in erster Linie zum Essen getrunken wurde. Man wollte – auch wenn man Riesling trank – einen im Munde angenehmen, schmeichelnden Wein. Das kann man seriös dadurch erreichen, daß man die Gärung an einem bestimmten Punkt stoppt. Man kann es unseriös durch die sogenannte Nachzuckerung erreichen. Das war leider nach dem Krieg in Deutschland gang und gäbe. Und zwar nicht nur beim säurehaltigen Riesling, sondern bei allen deutschen Weinen, auch den Rotweinen. Diese »süße Brühe« hat das Image des deutschen Weines weltweit so nachhaltig beschädigt, daß es sich bis heute nicht davon erholt hat. Aber es zeugt von großer Arroganz, wenn man dem deutschen Wein heute immer noch diesen Vorwurf macht.

Aber die Methoden der deutschen Weinherstellung sind durch das Weingesetz geregelt und können – von schwarzen Schafen abgesehen – als sehr seriös bezeichnet werden. Die Winzer sind verpflichtet, auf dem Etikett die Restsüße zu benennen. Dies geschieht durch die Bezeichnungen »trocken«, »halbtrocken« und ohne eine Bezeichnung.

Trocken bedeutet bis neun Gramm pro Liter, halbtrocken bis 18 Gramm Restsüße – wenn nichts dergleichen auf dem Etikett steht, handelt es sich um einen lieblichen oder süßen Wein. Diese Bezeichnungen sind bei den deutschen Spitzenwinzern verpönt. Sie suggerieren eine flache Süße, wie sie den gepanschten deutschen Nachkriegsweinen eigen war. Inzwischen gibt es milde Rieslinge von höchster Qualität, die sich mit höchsten Preisen bei Weinprämierungen, aber leider auch auf der Rechnung präsentieren. Sie sind einmalig in der Welt, weil sich in ihnen eine

Balance aus der dem Riesling eigenen Säure mit der relativ hohen Restsüße zu einer Synthese vereint, wie wir sie aus Saucen der allerhöchsten Kochmeisterschaft kennen.

Der Alkoholgehalt hat viel damit zu tun, wieviel natürliche oder zugesetzte Süße zur Gärung kam und wann oder ob der Gärungsprozeß unterbrochen wurde. Alkohol ist ja nichts anderes als vergorener Fruchtzucker. Je mehr davon vergärt, desto höher ist der Alkoholgehalt. Er wird in Prozenten des Gesamtvolumens ausgedrückt und steht in allen Weinländern auf dem Etikett. Die Begriffe »leichter Wein« oder »schwerer Wein« haben natürlich mit dem Alkoholgehalt zu tun. Ich selbst treffe diese Unterscheidung auch noch unter anderen Gesichtspunkten.

So ist der Riesling für mich ein leichter Wein, auch wenn er 12,5 % Alkohol hat, was allerdings eher selten ist. Er bekommt seine Leichtigkeit durch den Geschmack nach grünen Äpfeln, der ihm eigen ist. Dazu kommen der Duft und der Geschmack von Pfirsichen und von Quitten, manchmal noch der Duft von Blumen.

Bei mir ist er ideal als Einstieg in den Abend vor dem Essen als eine Art Aperitif, eine wunderbare Alternative zu Champagner oder Sekt. Überhaupt ist der Riesling ideal als Trinkwein ohne Essen. Ich bemerke, daß ich nach Überwindung des »Lieblich-Schocks« der Nachkriegszeit jetzt ganz langsam auch bereit bin, halbtrockene oder milde Rieslinge zu trinken, wenn es dazu kein Essen gibt.

Wenn man einen Riesling mit niedrigem Alkoholgehalt gefunden hat, kann man schon etwas mehr wegtrinken, ohne müde zu werden. Schlabber, schlabber! Weg!

Die Müller-Thurgau-Traube

Woran sich die Geister am Riesling scheiden, ist seine Säure. Die einen – wie ich – verfallen ihr, die anderen lehnen sie ab oder vertragen sie nicht. In diesem Fall ist der deutsche Müller-Thurgau eine Alternative. Bis vor einigen Jahren dachte man, er sei eine Kreuzung aus der Riesling- und der Silvaner-Traube, heute weiß man, daß er aus Riesling und Gutedel gezüchtet wurde, wie das Herr Müller aus dem Kanton Thurgau zum ersten Mal gemacht hat. Egal, ob Gutedel oder Silvaner, beides sind säurearme, für mich sehr schwache, konturlose Trauben. Durch die Züchtung entstand ein neuer Wein, in dem die Säure des Rieslings ausgeglichen wird. Dabei nimmt man ihm meiner Meinung nach seinen Charakter und seinen Charme. Dazu kommt noch, daß er – nicht notwendigerweise, aber doch recht oft – nach Katzenpipi riecht. Das scheint die Müller-Thurgau-Trinker nicht zu stören. Von der Gesamtrebfläche deutscher Weine fallen 21,9 % auf den Riesling und 21,7 % auf den Müller-Thurgau.

Die Chardonnay-Traube

Der Chardonnay ist derzeit *der* Modewein in der ganzen Welt. Während der Riesling weltweit eine sehr geringe Rolle spielt, ist der Chardonnay die unbestrittene Nr. 1 beim Qualitätsweißwein. Alle Winzer richten sich nach einem bestimmten Chardonnay-Geschmack, dem des weißen Burgunders aus Frankreich (Bourgogne). Hinter den berühmten Weißweinen Meursault, Puligny-Montrachet und Chablis (alles Orts- bzw. Gebietsnamen) verbirgt sich die Chardonnay-Traube. Diesen Weinen eifern alle nach, wobei der Chablis-Typ schwer zu kopieren ist, da er seine besondere Note von der Beschaffenheit seines Bodens bezieht.

Beim Chardonnay schmeckt man Walnuß, Zimt und Karamel, wobei keines dieser Aromen dominieren darf. Vom Eichenfaß kommt der Vanillegeschmack, aber auch etwas Rauch, weil die Fässer, in denen er ausgebaut wird, innen mit offener Flamme getoastet (geröstet) werden. Vergleicht man diese Aromen mit denen des Rieslings, wird man schnell feststellen, daß der Chardonnay viel Frucht, aber wenig Säure hat. Die Fachleute sagen, er sei fett und buttrig, aber trotzdem sanft. Was daran stimmt, muß jeder für sich herausfinden. Für mich ist soviel klar: Wenn der Riesling ein leichter Wein ist, dann ist der Chardonnay ein schwerer oder zumindest voller Wein. Wenn der Riesling auch ohne Essen wunderbar funktioniert, dann muß man sagen, daß der Chardonnay besonders gut zum Essen paßt und dabei erst seine wahren Qualitäten entfaltet. Auch mir ist er zum Essen am liebsten.

Die Pinot-Grigio-Traube

Von den fünf Probeweinen schauen wir jetzt auf den Pinot Grigio. Der Pinot Grigio ist aus meiner Sicht ein Wein für Leute, die sich am schönen Namen berauschen statt am guten Wein. Es ist ein Wein, mit dem man nichts falsch machen kann, aber auch nichts richtig. Italien ist durch Boden und Klima eines der besten Rotweinländer. Für Weißwein bietet Italien in vielen Bereichen eher mittelmäßige bis schlechte Voraussetzungen. Aber in der Weinwelt gibt es keine Regel ohne Ausnahme: Vor kurzem habe ich einen ausgezeichneten Pinot Grigio getrunken. Die Pinot-Grigio-Traube wird auch in Deutschland angebaut, besonders häufig in Baden, und heißt Grauburgunder bzw. Ruländer. Diese deutsche Brudertraube ist in der Regel besser als die italienische. Mir fehlen auch bei diesem Wein die Säure und die Frucht.

Die Sauvignon-Blanc-Traube

Der Sancerre, den wir bei der Probe getrunken haben, hat mir sofort gut geschmeckt. Das weiß ich noch heute. Die Traube, aus der der Sancerre gemacht wird – und die wie oft in Frankreich nicht auf dem Etikett steht –, ist eine Traube von allerhöchstem Ansehen in der Weinwelt: Sauvignon Blanc. In den Weinorten Sancerre und Pouilly Fumé an der Loire werden die Weine ausschließlich aus dieser Traubensorte hergestellt, und das in Qualitäten, die zu den besten der Welt gezählt werden.

Man sollte den Sauvignon Blanc – ähnlich wie einen modern ausgebauten trockenen Riesling – möglichst jung trinken. Er besticht in guten Qualitäten durch ein großartiges Aroma verschiedener Früchte, aber auch durch den Duft frisch geschnittenen Grases. So eine

Beschreibung des Aromas mag vielen lächerlich erscheinen. Ich finde sie besser als die früher üblichen Fachausdrücke. Jeder weiß, wie frisch geschnittenes Gras riecht. Wenn man einen guten Sauvignon Blanc im Glase schwenkt, so daß genügend Sauerstoff an den Wein kommt, und dann intensiv riecht, vielleicht noch mit geschlossenen Augen, um von nichts abgelenkt zu werden, dann wird es nicht schwer sein, sich vorzustellen, daß man auf einer Wiese steht, auf der das Gras gerade geschnitten wurde.

Natürlich sollte dieses Aroma auch im Geschmack zu finden sein. Aber das variiert von Wein zu Wein. Manche Aromen sind im Geschmack, manche im Geruch stärker auszumachen. Der Kenner würde sagen: im Gaumen und in der Nase.

Einkaufsquellen und Preise beim Riesling

Wie sehr sich die Weinwelt in den letzten zwei bis drei Jahrzehnten verändert hat, würde man sehen, wenn ich versuchte, die oben beschriebene Weinprobe an meinem Küchentisch zu wiederholen.

Beim Riesling könnten wir Weine verkosten, die es in dieser Qualität in Deutschland damals vermutlich noch nicht gab. Deutsche Spitzenwinzer haben in den letzten Jahrzehnten durch verschiedene Maßnahmen die Qualität der Weine – zumindest Rieslingweine – in eine Höhe gebracht, die auf Weinmessen und bei Prämierungen dem höchsten internationalen Niveau standhalten kann. Natürlich muß der größere Aufwand bei der Herstellung dieser Spitzenweine bezahlt werden. Sie liegen alle um 15 Euro und oft weit darüber. Sie werden in sehr begrenzten Mengen hergestellt und sind deshalb schwer zu bekommen. Den preiswerteren und trotzdem sehr ordentlichen, wenn auch einfachen Riesling um vier Euro gibt es aber immer noch. Ich kaufe ihn beim Weinhändler meines Vertrauens oder direkt beim Winzer. Besonders beim Winzer habe ich Weine mit einem unglaublich guten Preis-Leistungs-Verhältnis gefunden. Da große Mengen Wein auch im Supermarkt gekauft werden, habe ich in der Vorbereitung dieses Buches eine Recherche über Weine aus dem Supermarkt gemacht. Dabei zähle ich die gutgeführten Weinabteilungen der großen Kaufhäuser mit entsprechender Beratung eher zu den Weinhändlern.

Das Ergebnis meiner Recherche ist, daß der Supermarkt für den deutschen Riesling keine gute Einkaufsquelle ist. Natürlich kann man auch da einen Fund machen, einen Treffer landen, genauso wie man beim Händler oder beim Winzer Pech haben kann. Aber beides ist eher die Ausnahme.

Ich glaube, der Grund dafür ist, daß der Supermarkt – besonders wenn er zu einer Kette gehört, was heute meistens der Fall ist – Wein in großen Mengen einkaufen muß. Und ganz offenbar ist der gute deutsche Riesling ein Individualist, der sich der für große Mengen notwendigen Gleichmacherei entzieht. Wir werden später sehen, daß dies bei anderen Traubensorten, zum Beispiel beim Chardonnay, anders ist.

Der Weinhändler meines Vertrauens kann bei den Winzern seines Vertrauens kleine Mengen individuell gekelterten Weines beziehen und so die Besonderheiten des deutschen Rieslings erhalten. Ich empfehle auch, für ein paar Tage in eine deutsche Weingegend zu fahren, bei mehreren Winzern zu probieren, um sich dann den Wein, der einem wirklich gut geschmeckt hat und der einen guten Preis hat, regelmäßig schicken zu lassen.

Chardonnay aus aller Welt

Beim Chardonnay ist die Situation ganz anders. Wollte ich die Weinprobe von damals wiederholen, müßte ich für einen großen, weißen Burgunder, einen Meursault oder Puligny-Montrachet in bester Qualität, wahrscheinlich 50 Euro ausgeben, vielleicht sogar wesentlich mehr. Dafür gibt es inzwischen ausgezeichnete Kopien oder Nachahmer des Originals aus dem Burgund. Ich habe bei meinen Recherchen festgestellt, daß man Chardonnay-Weine aus Übersee (Kalifornien, Südafrika, Australien, Neuseeland und Chile) im Supermarkt sehr gut kaufen kann. Ich habe in der Preiskategorie bis 15 Euro sehr gute Chardonnay-Weine aus allen Überseeländern gefunden.

Die Erklärung dafür ist ganz einfach. Die Chardonnay-Traube ist – im Gegensatz zum Riesling – kein komplizierter Individualist, keine eigenwillige Persönlichkeit. Sie kann deshalb weitgehend nach Wunsch des Winzers geformt werden. Sowohl Winzer als auch Kellermeister haben mit der Chardonnay-Traube wenig Ärger. Und so ist es für die Weinproduzenten in Übersee recht einfach, den typischen Burgunder-Geschmack zu kopieren. Dabei wird auf das, was diesen Geschmack zur Mode gemacht hat, besonders geachtet: Er muß buttrig, nussig und rauchig vom Holz sein. Diese Geschmackskomponenten liegen beim französischen Original nur am untersten Ende des vielschichtigen Geschmacksvolumens. Experten sagen, daß kein Nachahmer bisher die Qualität des Originals aus dem Burgund erreicht hat. Aber die Kopien sind dafür, daß sie in sehr großen Mengen produziert werden, von durchaus beachtlicher Qualität.

Da der Chardonnay, wie schon gesagt, besonders gut zum Essen schmeckt, sind diese preiswerten Überseekopien (auch wenn sie nicht ganz an das Original heranreichen) ein Segen für diejenigen Weinfreunde, die die Preise für das Original nicht zahlen können oder wollen. Und das sind die meisten.

Die Weingüter in der Neuen Welt haben nicht mit den Traditionen ihrer Väter und Vorväter zu kämpfen. Sie haben zu einer Zeit, als modernes Marketing ziemlich genau voraussagen konnte, welche Weine in Mode kommen, ihren Anbau und ihre neuesten Techniken auf diese Weine ausrichten und einstellen können. Ich habe mich in Kalifornien und in Südafrika selbst davon überzeugt.

In der Alten Welt fand die Umstellung viel langsamer und kostspieliger statt. Dazu kommen in einigen der Überseeländer niedrige Löhne. Natürlich erklärt sich der Preisunterschied zum Original noch aus vielen anderen

Komponenten. So liegt der teure Chardonnay aus dem Burgund mindestens zwölf Monate in kleinen Eichenfässern, die man Barrique nennt. Sie werden in der Regel alle drei Jahre gegen neue ausgewechselt. Das macht ein Weinproduzent, der preiswert kopiert, sicher selten. So könnte man noch viele Details der Herstellung dieser teuren Weine aufzählen. Ihre Qualität macht sie zum begehrten Sammler- und Spekulationsobjekt, was wegen der begrenzten verfügbaren Menge sehr schnell zu irrealen Preisen führen kann, die mit der eigentlichen Qualität des Weines nur noch indirekt zu tun haben.

Die Modeweine: Sancerre und Pinot Grigio

Beim Sauvignon Blanc von der Loire ist die Preisentwicklung nicht ganz so erschreckend wie beim Chardonnay aus dem Burgund. Aber ein wirklich guter Sancerre oder Pouilly Fumé ist unter 15 Euro nicht mehr zu haben, meist sogar nicht mehr unter 30 Euro. Ausnahmen bestätigen die Regel. Ich habe im Supermarkt einen ordentlichen Sancerre für 12 Euro gefunden. Um die große Nachfrage nach diesem Kult- und Modewein zu befriedigen, produziert der Markt eine große Menge schlechter, billiger Sancerre-Weine. Diese Weine sind ihr Geld nicht wert und haben nichts von dem Geschmack, den ich an der Sauvignon-Blanc-Traube so schätze. Statt einen billigen, dem Modetrend folgenden Sancerre zu kaufen, empfehle ich, nach einem Sauvignon Blanc aus Neuseeland zu suchen. Ich habe im Supermarkt einen sehr ordentlichen, gut trinkbaren für 10 Euro gefunden.

Für den Pinot Grigio gibt es keinen Ersatz. Man braucht auch keinen. Er ist heute genauso preiswert und genauso flach, wie er zur Zeit meiner Weinprobe war. Wie gesagt, Italien ist in weiten Teilen kein Land für große Weißweine. Daß Italien trotzdem große Mengen Weißwein der mittleren und der unteren Qualitäten erfolgreich exportiert, hat viele Gründe. »Aus einem Land, aus dem das beste Essen kommt, muß auch der beste Wein kommen«, so denken sicher viele. Hinzu kommt, daß der Pinot Grigio in Deutschland eine Art Kultwein ist, sozusagen »mega-in«, ein Wein, den *man* trinkt. Der englische Weinjournalist Stuart Pigott, der das beste Buch über den deutschen Riesling geschrieben hat, nennt die Konsumenten von Modeweinen »Etiketten-Trinker«. Er definiert sie so: »Solche Weintrinker sind unbewußte Masochisten. Wenn sie ein schlechtes Exemplar ihres Lieblingsweines trinken, sei es ein Pinot Grigio oder ein Sancerre, empfinden sie trotz der Vergewaltigung ihres Gaumens Wohlbehagen.«

Ich fürchte, daß gerade in Deutschland ein großer Teil der Weintrinker in den sogenannten gehobenen Kreisen zu dieser Kategorie zählt. Und wir Deutschen denken ja überhaupt gern »ausländisch ist besser«. Wahrscheinlich spielen auch die Namen der Weine eine Rolle. Pinot Grigio, Frascati oder Orvieto klingt angenehmer und verführerischer als Saumagen, Nacktarsch oder Herrgottsacker.

Rotwein-Typen und -Stile

Im Gegensatz zum Weißwein, den ich bei der ersten bewußten Weinprobe an meinem Küchentisch kennen- und schätzenlernte, kam beim Rotwein die Wende im Hause des Sängers Stefan Sulke. Bei ihm trank ich zum ersten Mal bewußt die besten Roten aus dem Bordeaux-Gebiet. Welch ein Genuß. Es war Liebe auf den ersten Schluck. Jetzt fing ich an, zu vergleichen und mich zu erinnern. Die Rotweine, die ich jetzt irgendwo per Zufall bekam, schmeckten mir nicht mehr. Ich fing an, mich mit dem Rotwein zu beschäftigen. Ich lernte, daß der Bordeaux häufig nicht nur aus einer Traubensorte gemacht wird, sondern aus mehreren. Das nennt man Verschnitt. Man spricht daher vom Bordeaux-Typ oder -Stil, wenn man einen bestimmten Rotweingeschmack meint. Daneben sind noch der rote Burgunder und der rote Côtes du Rhône wichtig. Auch sie sind Wein-Typen, allerdings ist der Burgunder nur aus einer Traubensorte gemacht.

Der Bordeaux und seine Kopien aus der Neuen Welt

Für die Weinkenner gibt es *den* Bordeaux nicht. Sie unterscheiden nach stilistischen Trennungslinien, die mit den Rebsorten und den Anbaugebieten zusammenhängen. Früher mußte man zehn, manchmal sogar 20 Jahre oder mehr warten, bis der Wein gereift war. Heute versuchen die meisten Châteaux (so heißen die Weingüter im Bordeaux immer, auch wenn das »Mutterhaus« alles andere als ein Schloß ist), ihre Weine so auszubauen, daß sie schneller, d. h. jünger trinkbar sind. Die Zeit der englischen Lords, in deren Keller Bordeaux-Weine viel Zeit hatten, um reif zu werden, geht zu Ende. Spitzenweine aus dem Bordeaux-Gebiet gelten bei Kennern als das Beste, was die Weinwelt zu bieten hat. Wenn man kein Kenner ist, läuft man Gefahr, diese Beurteilung auf alle Rotweine auszudehnen, auf deren Etikett das Wort »Bordeaux« steht.

Nach meinen persönlichen Erfahrungen gibt es in der Tat – von einigen wenigen Roten aus dem Burgund (Bourgogne) abgesehen – nichts Besseres als einen Spitzen-Bordeaux. Was der heute kostet, darüber mehr weiter unten.

Ich habe allerdings auch die Erfahrung gemacht – und werde dabei von den meisten Kennern bestätigt –, daß Bordeaux-Rotweine der unteren und sogar der mittleren Preisklassen dem Mythos Bordeaux nicht annähernd gerecht werden. Wenn man sie mit Weinen anderer europäischer Länder oder gar mit Weinen aus der Neuen Welt in der gleichen Preiskategorie vergleicht, schneiden die roten Bordeaux-Weine fast immer schlechter ab. Aber der Mythos Bordeaux ist so groß, daß er selbst dem billigsten Wein aus dieser Region einen Heiligenschein verleiht. Dabei hilft es den einfachen Weinen dieser Region leider wenig, daß ihre Brüder aus dem obersten Weinhimmel das Beste sind, was aus Trauben gemacht werden kann.

Wenn ich also vom Geschmack des roten Bordeaux-Weines spreche, dann meine ich

immer die sehr guten, leider auch sehr teuren Weine. Zum Glück werden sie jetzt in der ganzen Welt mit großem Erfolg sehr gut kopiert, so daß sich auch der Weintrinker, der keine Millionenerbschaft gemacht hat, diesen speziellen Geschmack leisten kann.

Die Hauptgeschmacksnote ist das Aroma der schwarzen Johannisbeeren. Schon in Jungweinen kann man heute Eichenholz und Tannin in ausgewogener Menge herausschmecken, dazu kommt je nach Gebiet, Traube, Jahrgang und Behandlung ein Aroma-Bouquet, in dem man Schokolade, Tabak, Minze, Gewürznelken und in älteren Weinen Pilze, Dörrobst und Lebkuchen ausmachen kann.

Die Farbe ist immer dunkel. Sie kann sich durch das Altern von Purpurrot zu Ziegelrot verändern. Ich würde ihn als voll, um nicht zu sagen als schwer bezeichnen. Schwer nicht im Sinne von sehr alkoholhaltig, sondern im Sinne von rund und dunkel, im Gegensatz etwa zum helleren Burgunder. Schwer heißt (bei mir) aber auf keinen Fall hart. Der volle Bordeaux ist für mich weich und rund. Im Gegensatz zu den meisten Kopien aus aller Welt ist der Bordeaux aber nie weich im Sinne von gefällig. Er ist weich – wie eine ganz liebe, aber doch strenge Mutter. Viele der nachgeahmten Rotweine sind nur liebe Mütter. Sie sind sogenannte Schmeichler. Kenner rümpfen deshalb oft die Nase bei diesen Weinen. Ich nicht. Wer läßt sich nicht gerne schmeicheln?

Der volle Bordeaux hat zwei Hauptsorten von Trauben als Grundlage: die Cabernet-Sauvignon- und die Merlot-Traube. Erstere ist immer noch so etwas wie die Leittraube, sie wird aber von letzterer eingeholt. Denn die Merlot-Traube gewinnt weltweit immer mehr an Bedeutung. Von geringerer Bedeutung – besonders bei den Nachahmungen – ist die Cabernet-Franc-Traube.

Der Grund dafür, daß der Bordeaux-Typ oder -Stil der weltweit am meisten nachgeahmte Rotwein-Stil ist, liegt daran, daß die beiden genannten Haupt-Traubensorten nicht nur auf dem Boden und in dem Klima des Bordeaux-Gebietes gute bis ausgezeichnete Ergebnisse erzielen, sondern fast überall in der Welt. Dabei entstehen Weine, die dem Bordeaux ähneln, durchaus aber auch eigenständigen regionalen Charakter zeigen. Da auf den Etiketten der Weine aus der Neuen Welt die Traube in der Regel angegeben ist, braucht man nur noch Cabernet Sauvignon oder Merlot zu suchen, um diesen Rotwein-Stil zu finden. Im Preis-Leistungs-Verhältnis sind die Nachahmer aus der Neuen Welt fast unschlagbar.

Typähnliche Alternativen zum Bordeaux und andere Rote aus Italien

In Italien werden die dem Bordeaux am ähnlichsten Weine hauptsächlich in der Toskana produziert, in kleineren Mengen auch im Friaul (Friuli), im Veneto und in Sizilien. Eine der einheimischen Trauben heißt Sangiovese. Sie ist die Grundlage vieler dieser angenehmen Rotweine, oft verschnitten mit Cabernet Sauvignon. Aber der Ruf nach bordeauxtypischen Weinen hat viele Winzer veranlaßt, den Wein nur noch aus der Cabernet-Sauvignon-Traube, aus der Merlot-Traube oder aus einem Verschnitt von Cabernet Sauvignon und Merlot zu machen, wie er für den Bordeaux typisch ist. Die Weine werden wie ihr Vorbild im Barriquefaß ausgebaut. Durch die Lagerung im Barriquefaß bekommt der Rotwein Dichte, Fülle und zusätzliche Aromen, die in der Traube selbst nicht angelegt sind. Daß sich diese kostspielige Methode der Reifung im Faß auf den Preis auswirkt, ist klar.

Toskana-Weine haben oft einen hohen Tanningehalt. Man merkt das daran, daß der Wein im Hals kratzt und schon im Mund alles zusammenzieht. Bei den großen Qualitätsweinen der Toskana ist es den Spitzenwinzern gelungen, den Tanningehalt so in Grenzen zu halten, daß ein Wein entstand, der den Vergleich mit großen Bordeaux-Weinen nicht zu scheuen braucht.

Außer den Toskana-Weinen als Alternativen zum Bordeaux gibt es noch andere großartige Rotweine aus Italien. Ein Rotweinland war Italien immer schon. Allerdings ist der Chianti aus der Bastflasche Schnee von gestern. Zwar wird immer noch viel billiger Rotwein produziert und exportiert. Aber auch der ist dem heutigen Geschmack stärker angeglichen. Beim Wein der Mittelklasse und der Oberklasse haben die Italiener ein kleines Wunder vollbracht.

Neben sehr guten Toskana-Weinen gibt es Spitzenweine aus dem Piemont. Wir kennen sie unter dem Namen der Orte oder Gebiete, aus denen sie kommen. Hinter Barolo und Barbaresco verbirgt sich die Nebbiolo-Traube. Diese Weine haben glühende Verehrer, die, bedingt durch die relativ kleinen Mengen, in denen die Weine produziert werden, die Preise in astronomische Höhen klettern lassen.

Im Piemont hat man selten versucht, den Bordeaux nachzuahmen. Das wäre vermutlich auch nicht möglich. Die Nebbiolo-Traube – zumindest so, wie sie im Piemont angebaut und ausgebaut wird – hat einen sehr hohen Tanningehalt und eine sehr herbe Frucht, beides zum Bordeaux-Stil geradezu konträr. Zwar wird der Barolo heute zugänglicher und weniger streng produziert, so daß man ihn auch schon etwas jünger trinken kann. Mir ist er immer noch zu hart. Ich bleibe bei meinen Toskana-Weinen und gelegentlich bei einigen aus dem Friaul und aus dem Veneto.

Spanien: Alternativen zum Bordeaux, die anders schmecken

Als die guten Rotweine aus der Toskana immer teurer wurden, fing ich an, mich nach Alternativen aus Spanien umzusehen. Ich hatte schon sehr früh den Rioja als sehr schönen Wein mit gutem Preis-Leistungs-Verhältnis entdeckt. Aber je mehr ich dem Bordeaux-Geschmack verfiel, desto weniger schmeckte mir der Rioja. Der Rioja ist nicht im Barriquefaß ausgebaut. Daher auch der günstigere Preis. Es fehlen ihm die Fülle und Dichte, das Weiche, Schwere – wie ich es verstehe. Wenn ich die Wahl zwischen einem guten Rioja und einem schlechten Bordeaux-Typ (woher auch immer) habe, werde ich natürlich den Rioja nehmen. Aber ich versuche, auch bei spanischen Rotweinen einen zu finden, der meinem geliebten Bordeaux nahekommt. Leider habe ich wenige gefunden, die ihm so ähnlich sind wie der Toskana-Wein. Wie schon erwähnt, verwenden die Toskana-Winzer auch die klassischen Bordeaux-Traubensorten. Aber auch die eigene Traube, die Sangiovese, kommt dem weltweit am meisten gesuchten Geschmack entgegen. Es gibt in Spanien Alternativen »der anderen Art«. In fast allen Anbaugebieten Spaniens dominiert die Tempranillo-Traube neben einer großen Zahl anderer, weniger bedeutender Traubensorten, die überwiegend für Rotweine, die nur in der Region konsumiert werden, herhalten. Ich habe außer dem Gebiet Rioja (wo inzwischen junge Winzer erste Versuche mit dem Ausbau im Barriquefaß mit spektakulären Ergebnissen machen) noch das Weingebiet Ribera del Duero besucht. Dort fand ich einen sehr hohen Qualitätsstandard bei entsprechend hohen Preisen. Die Tempranillo-Traube wird dort allein oder verschnitten mit Cabernet Sauvignon zu sehr wuchtigen, extrem aromatischen Weinen ausgebaut. Ich war begeistert, auch wenn dieser Wein mich nur in seiner Farbe und Fülle an den Bordeaux erinnerte.

Die günstigsten Rotweine in sehr ordentlicher Qualität habe ich bisher aus dem Gebiet Navarra gefunden. Auch dort wird neben dem Tempranillo der Cabernet Sauvignon angebaut. Das ergibt sowohl junge, fruchtige Weine als auch vollere, dichtere aus dem Eichenfaß, die auch eine gute, bezahlbare Alternative zum Bordeaux darstellen.

Der rote Burgunder

Der andere große Rotwein aus Frankreich ist der Rote aus dem Burgund (Bourgogne). Dieses Weingebiet ist insgesamt nur ein Fünftel so groß wie die Bordeaux-Region. Die Bezeichnung »Château« für die Hersteller der Weine gibt es hier nicht.

Im Gegensatz zum Bordeaux wird der Burgunder nur aus einer Traubensorte hergestellt: im klassischen Burgund aus der Pinot-Noir-, im Beaujolais und Mâcon aus der Gamay-Traube. Der klassische Burgunder hat zu vielen Nachahmungen angeregt, weil es von diesem sehr gefragten Wein viel zuwenig gibt. Erfolgreich war allerdings keine, da die Pinot-Noir-Traube nur im heimatlichen Burgund gut gedeiht.

Der große klassische rote Burgunder gehört zu den begehrtesten Weinen der Welt. Die Fachleute attestieren ihm ätherischen Duft und seidige Eleganz (was immer das bedeutet …), an Früchte-Aromen Himbeeren, Erdbeeren und Kirschen und dazu den spezifischen Geschmack, der vom burgundischen Boden kommt und an Bauernhofgerüche erinnern soll.

Da die großen Burgunder-Weine extrem teuer sind und es erschwingliche Kopien nicht gibt, habe ich wenig Erfahrung mit diesem Rotwein-Stil. Die wenigen Male, die ich ihn getrunken habe, waren vielleicht nicht ausreichend, mich für diesen Weinstil zu begeistern. Auch der zum Burgund gehörende Beaujolais entspricht nicht meinem Weingeschmack. Es liegt daran, daß dieser sehr fruchtige, frische Wein, der jung getrunken werden muß, nichts von der Weichheit und der Fülle hat, die ich am Bordeaux-Typ liebe. Das hat leider nicht verhindert, daß auch ich Ende der siebziger Jahre der Mode des Beaujolais Nouveau (auch Primeur genannt) verfiel. Von den Strafen waren heftige Kopfschmerzen noch die geringsten. Davon bin ich gottlob geheilt.

Der deutsche Spätburgunder und der Trollinger

In Deutschland wird Pinot Noir – zu deutsch Spätburgunder – an der Ahr und in Baden, aber auch in kleineren Mengen in der Pfalz und im Rheingau angepflanzt. Wenn er, wie dies einige Spitzenwinzer machen, sorgfältig gelesen, gekeltert und ausgebaut wird und wenn er im Barriquefaß reifen darf, dann ist das Ergebnis mit französischem Burgunder durchaus vergleichbar. Leider auch im Preis.

Die großen Mengen des deutschen Spätburgunders, die auf herkömmliche Weise preiswert hergestellt (und verkauft) werden, sind Weine, die mir zu lieblich und zu hell sind. Sie erinnern mich an Rosé, was eine Sache des persönlichen Geschmacks ist. Auch die Trollinger-Traube, die zum Beispiel in Württemberg eine große Rolle spielt, ergibt einen hellen Rotwein. Wenn ich diesen Wein mit geschlossenen Augen trinke, denke ich, es sei Weißwein. Das ist für einen Bordeaux-Freund keine Alternative. Daß diese Weine durchaus ihre Berechtigung haben, werde ich beschreiben, wenn es um Wein zum Essen geht.

Weine aus dem Rhône-Tal

Schließlich ist noch der klassische Rote von der Rhône zu erwähnen. Am bekanntesten ist der Châteauneuf-du-Pape, am begehrtesten der Hermitage und Côte Rôtie. Die meistzufindende Qualitätstraube ist die Syrah-Traube, die in Australien Shiraz genannt wird. Das ist nicht mein Ding. Es sind in der Regel schwere, voluminöse Weine, die früher zum Teil als Deckweine für den Bordeaux verwendet wurden. Der Hermitage ist als junger Wein sehr verschlossen, nach zehn bis 15 Jahren kann er sich zu einem weichen, großartigen Spitzenwein entwickeln, heute mit entsprechenden Preisen.

Der Trend ging lange gegen diese massiven Weine, hat sich jetzt aber gewendet, nicht zuletzt weil Weinpapst Parker diese Syrah-Weine von der Rhône sehr gerne mag.
Wie schon erwähnt, schlägt sich das bei den sehr guten Weinen im Preis nieder.

Natürlich gibt es auch sehr viel billige Weine aus dem Rhône-Tal. Die können, wenn man Glück hat, sehr ordentlich sein, sind aber in der Regel nur schwer genießbar. Da sind die Shiraz-Weine aus Australien eine gute Alternative, auch wenn die Kenner sagen, daß sie die großen Vorbilder aus dem Gebiet rund um den Weinort Hermitage nie erreichen werden. Dafür sind sie bezahlbar und sind auch jung gut trinkbar.

SCHWEIN
GEHABT !
papan

Was ist guter Rotwein?

Ich habe in meinen Ausführungen über den Rotwein besonders häufig von gutem Wein gesprochen. Was ist das, ein guter Rotwein? Ich kann diese schwierige Frage nur nach meinen Maßstäben beantworten. Ich kann nur sagen, was für mich ein guter Rotwein ist. Er muß zunächst einen erkennbaren Geschmack haben. Wenn er nur nach Rotwein schmeckt, aber keine darüber hinausgehenden Assoziationen weckt, keinerlei Aromen zeigt, keine Komponenten, die ihn von anderen Rotweinen unterscheiden, dann ist es für mich kein guter Rotwein. Es ist dann nur ein Getränk, das durch seine Farbe besticht und durch diese sicher auch Assoziationen weckt und das je nach genossener Menge eine beruhigende oder eine berauschende Wirkung hat. Immerhin.

Darüber hinaus gibt es eine ganze Reihe objektiver Kriterien bei der Beurteilung eines Weines. Da heißt gut in erster Linie sauber sein. Sauber heißt ohne Zusätze, ohne Verschnitt mit billigen Massenweinen, ohne zuviel Schwefel (der für die Kopfschmerzen sorgt). Fachleute können noch viele andere objektiv feststellbare Qualitätsmerkmale nennen. Das beginnt bei der Traube und ihrer Lese, geht weiter bei der Kelterung, bei der Reifung (im Tank, im großen Holzfaß, im Barriquefaß) und bei der Lagerung.

Auch die verschiedenen Jahrgänge spielen eine Rolle – wenn auch heute nicht mehr so gravierend wie früher, weil durch moderne Keltertechniken schwache Jahrgänge aufgewertet werden.

Die Experten schätzen den Rotwein höher ein als den Weißwein. Er sei komplexer, vielschichtiger und könne mehr Aroma entwickeln. Seine Herstellung sei schwieriger und kostspieliger. Das soll niemanden davon abhalten zu sagen, ihm (oder ihr) schmecke Weißwein besser – abgesehen von all denen, die Rotwein schlecht oder gar nicht vertragen.

Die neuen medizinischen Erkenntnisse, Wein mäßig, aber regelmäßig getrunken, sei nicht nur gesund, sondern lebensverlängernd, beziehen sich vor allem auf Rotwein, besonders auf den aus dem Holzfaß.

Rotwein ist teurer als Weißwein

Wenn ich beim Rotwein – wie oben beim Weißwein – etwas über die Preise sagen will, so ist dies sehr problematisch. Wie bei den genannten Weißwein-Preisen handelt es sich natürlich um Preise vom Frühjahr 2005. Wie schnell sie sich ändern, kann niemand voraussagen. In den letzten zwanzig Weinjahren hat es eine eindeutige Entwicklung gegeben: Die wirklich großen Weine aus Europa sind im Preis immer mehr gestiegen. Aus der Neuen Welt kamen preiswerte, gute Alternativen.

Die »Leitwährung« sind die französischen Rotweine der Spitzenwinzer aus Burgund und in größeren Mengen aus Bordeaux. Als sie die immer größer werdende Nachfrage nicht mehr befriedigen konnten, sprangen zuerst die Italiener und dann die Spanier in die Bresche – oder besser in die Lücke. Sie waren zunächst sehr günstig, strebten aber schnell ihren Vorbildern nach. Heute sind sie teuer, während die französischen Spitzen sehr, sehr, sehr teuer sind.

Am 29. März 1999 gab es im Kölner Stadt-Anzeiger eine Anzeige eines großen Kaufhauses. Darin wurde unter anderem ein Château Lafite Rothschild 1996 zum Preis von 349 Mark (bzw. 178 Euro) angeboten. Es wurde vermerkt, daß der Wein von Herrn Parker 94 bis 96 weinpäpstliche Punkte erhalten habe. Was hätte derselbe Wein erst gekostet, wenn er 100 Punkte bekommen hätte? Heute zahlt man für diesen Wein – wenn man ihn bekommt – zwischen 350 und 400 Euro. Solche Preisüberhitzungen kennt man vom Kunstmarkt. Zum Glück haben sich dort – zumindest für einige Zeit – die Preise nach solchen Phasen wieder normalisiert. Über die Gründe für solche Preise kann man nur spekulieren. Es gibt beim Bordeaux auch wilde Gerüchte, so zum Beispiel, die Russen-Mafia kaufe die großen Namen für jeden Preis.

Die italienischen und spanischen Spitzenweine liegen – von wenigen Ausnahmen abgesehen – um die 50 Euro. Leider öfter darüber als darunter. Ich trinke normalerweise Rotweine, die in der Kategorie zwischen 15 und 30 Euro liegen. Ich kaufe sie beim Händler, von dem ich mich beraten lasse. Am unteren Ende dieser Skala liegen die Roten aus der Neuen Welt, am oberen die Roten aus Italien und Spanien.

Um mich über den Rotwein in den unteren Kategorien zu informieren, habe ich eine Recherche über Rotweine ausschließlich aus dem Supermarkt gemacht. Ich habe 80 verschiedene in den Kategorien sieben bis 15 Euro probiert. Es waren Rotweine aus Frankreich, Spanien, Italien, Deutschland und aus Übersee.

Mir hat diese Weinprobe bestätigt, was ich schon lange ahnte: Rotweine, die mir schmecken, Rotweine, die nach meinen Kriterien gute Weine sind, kosten mehr als qualitativ vergleichbare Weißweine. Dafür gibt es viele Gründe. Bei den Weinen unter sieben Euro fand ich keinen einzigen, den ich trinken wollte. Das heißt nicht, daß es in dieser Kategorie keinen trinkbaren Rotwein gibt. Zunächst wird man beim Weinhändler den einen oder den anderen Treffer landen können, wenn auch seltener als beim Weißen. Es gibt in Kaufhäusern Wein-Aktionswochen, bei denen man so manches Schnäppchen machen kann. Eine berühmte deutsche Billig-Supermarktkette bietet immer wieder ordentliche Rotweine zu niedrigen Preisen an – als Werbemaßnahme, an der sie nichts verdient oder sogar noch draufzahlt. Bei den Weinen aus der Neuen Welt gab es schon unter sieben Euro einige kleine Ansätze und in der Kategorie sieben bis 15 Euro einige wenige Überraschungen. Bei anderen Proben mit Rotweinen über 15 Euro aus dem Supermarkt schnitten die Weine aus Übersee auch besser ab als die europäischen.

Ich würde in allen Preisklassen europäische Rotweine immer bei einem Händler kaufen,

F. BECKER

während man im Supermarkt Weine aus der Neuen Welt in sehr guten Qualitäten findet. Wie lange sie zu günstigen Preisen angeboten werden, wie es zur Zeit der Fall ist, kann niemand sagen. Hoffentlich noch lange!

Wie findet man einen guten Wein?

Wie findet man nun einen Wein, der einem schmeckt? Dafür gibt es außer ein paar Hinweisen keine sicheren Richtlinien oder Kriterien. Was einem bei der Suche nach richtigen Weinen nicht hilft, ist leichter zu sagen. Da ist einmal das Etikett. Viele kaufen den Wein, dessen Etikett ihnen am besten gefällt. Das verstehe ich nicht. Seit wann macht der Graphiker den Wein? Gerade bei schlechten Weinen wird sich der Winzer um ein besonders attraktives Etikett bemühen.

Dann glauben viele, die Qualitätsbezeichnungen auf den Etiketten europäischer Weine könnten ihnen helfen. Das ist leider ein Irrtum. Diese sogenannten Qualitätsbezeichnungen beruhen auf Weingesetzen aus einer Zeit lange vor der Revolution auf dem Weinmarkt, wie ich sie beschrieben habe. Ich habe neulich im Rahmen der erwähnten Rotweinprobe in der Kategorie unter sieben Euro einen Bordeaux probiert, dessen Qualität kurz vor dem Prädikat »ungenießbar« war. Das vertraueneinflößende Etikett mit einem eindrucksvollen Château hatte das Prädikat: Bordeaux Supérieur. Wer weiß schon, daß das nichts anderes bedeutet als eine Bezeichnung für Bereiche, deren Wein nur einen Alkoholgehalt von mindestens 10,5 % zu erreichen braucht.

In Deutschland ist es nicht ganz so schlimm. Aber auch da dienen die verschiedenen Qualitätsbezeichnungen dem unerfahrenen Käufer mehr der Verwirrung als der Orientierung. So darf man sich nicht wundern, daß der Anfänger im Supermarkt lieber zu den Flaschen aus der Neuen Welt greift, die ihm nicht suggerieren, daß er etwas falsch macht.

Auch in Italien ist die Entwicklung den Weingesetzen davongelaufen. Die Bezeichnung »Vino da tavola«, die früher laut Weingesetz eine Art der Bestrafung für den Winzer war, der ausländische Trauben benützte, ist heute fast schon ein Prädikat, das auf den Etiketten der teuersten Weine steht.

Also, was tun? Zunächst würde ich raten, zum Weinhändler zu gehen oder in die Weinabteilung eines großen Kaufhauses, um sich beraten zu lassen. Wenn man weiß, welchen Geschmack man sucht, ist es nicht so schwer, ihn zu beschreiben. Was Weinhändler zur Verzweiflung treibt, ist die Bitte: »Geben Sie mir einen guten Weißwein«. Das ist wie die Frage nach einem schönen Urlaubsort. Ist Ibiza schöner als Thailand? – und umgekehrt. Alle Weine, die nicht schlecht sind, sind gut. Man muß also wissen, welchen der vielen guten Weine – das heißt, welche Traubensorte, welchen Rotwein-Typus oder -Stil, welche Aromen, ob viel oder wenig Säure, ob leicht oder voll – man mag. Wichtig ist, daß man beim Öffnen des Weines zu Hause nicht einfach davon ausgeht, daß es in jedem Fall der richtige Wein ist – »schließlich hat ihn ja der Fachmann empfohlen«. Es gilt jetzt, den Wein zu probieren, um festzustellen, ob und wie sehr er dem gewünschten Geschmack entspricht. Kein vernünftiger Weinhändler wird beleidigt sein, wenn der Kunde nicht gleich ganz zufrieden ist. Er wird mit ihm gemeinsam weitersuchen.

Aber was macht man im Supermarkt? Da kann ich nur mit der Abwandlung eines alten Witzes antworten. Ein Fremder fragt einen Berliner auf der Straße Unter den Linden: »Wie kommt man hier zur Oper?« Der Berliner antwortet: »Üben, üben, üben.« Wie finde ich im Supermarkt den Wein meines Geschmacks? Probieren, probieren, probieren. Und wenn man den Wein gefunden hat, der einem schmeckt: dabei bleiben.

Wein zum Essen

Für die Entscheidung, welcher Wein zu welchem Essen paßt, ist die letzte Instanz der eigene Geschmack. Zwar gibt es Regeln, die aber allenfalls als Entscheidungshilfen bezeichnet werden können. Ihre Anwendung ist von so vielen Faktoren abhängig, daß sie nie als allgemein verbindlich gelten können. Ob das Essen an einem heißen Sommertag oder an einem neblig-kalten Novemberabend stattfindet, macht einen Unterschied; die Stimmung, in der man gerade ist, der Anlaß für das besondere Mahl und der Ort werden die Anwendung der Regeln unterschiedlich beeinflussen. Das wird ganz deutlich, wenn man an besonders schöne Urlaubserlebnisse zurückdenkt. Nicht nur die Kombination mit dem Essen, auch die Beurteilung des Weines überhaupt wird da durch Klima, Stimmung und Ambiente stark beeinflußt. Glücklichsein setzt – genauso wie Verliebtsein – alle Regeln außer Kraft. Ich bin überhaupt kein Freund von Rosé-Wein. Aber in der Provence haben wir jeden Abend zum Sonnenuntergang auf der Terrasse mit großem Genuß den einfachen örtlichen Rosé getrunken. Oft gab es ihn danach auch zum Essen. Auf einer griechischen Insel in der Ägäis mit viel Sonne und viel Wind, vor einer einfachen Taverne direkt am Meer, aus dem der Fisch, den wir essen, vor kurzem geholt wurde, da schmeckt mir sogar Retsina – zumindest, wenn er aus dem Faß kommt.

In Deutschland ist Wein zum Essen immer noch keine Selbstverständlichkeit und in den meisten Haushalten noch lange nicht die Regel. Das ist in Italien und in Frankreich anders. In jedem noch so einfachen Haushalt steht jeden Tag die Weinkaraffe auf dem Eßtisch. Dabei ist es – außer zu besonderen Anlässen – immer derselbe Wein, in der Regel auch ein sehr einfacher lokaler Tischwein.

Das macht Sinn, wenn man bedenkt, daß es sich um eine sehr alte Tradition handelt, die aus einer Zeit stammt, in der man von der heutigen Vielfalt an Weinen und ihrer ortsungebundenen Verfügbarkeit nur träumen konnte. Auch das Essen war – und ist in vielen Fällen sicher heute noch – einfach, wenig abwechslungsreich und regional geprägt. Da paßt der einfache regionale Wein zum einfachen regionalen Gericht. Auch in Deutschland wird – wenn überhaupt – nur in den Weingegenden der eigene Wein regelmäßig zum Essen getrunken. Und auch da sind es in der Regel traditionelle Gerichte der Region, zu denen der Wein paßt. Der eher einfache württembergische Trollinger paßt fast zu allen schwäbischen Gerichten. Ich trinke ihn bei mir zu Hause nie, aber wenn ich meinen ältesten Freund Hans-Dieter besuche und wir im Remstal geschmälzte Maultaschen oder schwäbischen Zwiebelrostbraten essen, dann schmeckt mir der Trollinger dazu.

Wenn ich mir also auf den folgenden Seiten Gedanken darüber mache, welcher Wein zu welchem Essen paßt, dann denke ich an das besondere Essen aus besonderem Anlaß und nicht so sehr an das »tägliche Brot«. Ich erinnere mich an so ein besonderes Essen bei meinen schwäbischen Freunden in den sechziger Jahren. Margarethe hatte das von ihrem Mann Hermann geschossene Wild köstlich zubereitet. Und als Wein gab es dazu einen Walporzheimer Spätburgunder von der Ahr. Da waren die Schwaben über ihren heimischen Weinschatten gesprungen, weil der helle, leichte Trollinger sich gegen das dunkle, kräftige Wild nicht durchgesetzt hätte.
Es war meine erste bewußte Erfahrung mit der Thematik Wein zum Essen. Vielleicht erinnere ich mich deshalb nach all den Jahren noch genau daran. Heute weiß ich mehr.

Weiß zu Weiß, Rot zu Rot

Die fast allen bekannte und auch einleuchtende Regel, zu hellem Fleisch und Fisch Weißwein und zu dunklem Fleisch Rotwein zu trinken, ist sofort zu ergänzen durch den Hinweis auf das, was die Experten die Gewichtigkeit des Weines nennen. Dabei geht es darum, ob man den Wein als leicht oder als schwer empfindet.

Für mich ist diese Unterscheidung wichtiger als die Farbe. Es geht ja darum, daß sich Wein und Essen ergänzen, und nicht darum, daß sie miteinander kämpfen. Die dritte Komponente neben Farbe und Gewichtigkeit ist die Geschmacksintensität. Das macht die Entscheidung nicht einfacher. Ein leichter trockener deutscher Riesling kann sehr fruchtbetont geschmacksintensiv sein. Das muß bei der Kombination berücksichtigt werden. Ein gedämpfter Fisch (wenn es nicht der dunkle Thunfisch ist, der eher wie Fleisch zu behandeln ist) in zerlassener Butter ist ein leichtes Gericht, das auch einen leichten Wein verlangt. Ob dieser leichte Wein aber eher zurückhaltend in der Frucht oder stark im Aroma sein soll, wäre danach zu entscheiden, ob dieses Fischgericht durch aromatische Gewürze angereichert wurde.

Ganz schwierig ist es, einen passenden Wein zu finden, wenn man asiatisch oder orientalisch kocht. Das ist kein Zufall. In diesen Regionen wird aus religiösen oder klimatischen Gründen kein oder kaum Wein angebaut – weshalb er als regelmäßiges Getränk nicht zur Verfügung steht. Warum sollte die

Küche dann darauf achten, daß ihre Gerichte sozusagen weintauglich sind? Besonders bei intensiv nach Curry, Zitronengras, Mango-Chutney, Kokosmilch oder Chili schmeckenden Gerichten ist es wohl besser, vor und nach dem Essen Wein zu trinken. Zum Essen selbst aber Wasser, Tee oder Bier. Dasselbe gilt für extrem scharfe Gerichte.

Etwas einfacher ist die Entscheidung für den richtigen Wein zum Essen, wenn bei der Zubereitung der Speise Wein verwendet wird. Früher nahm man dafür billigen Kochwein mit dem Argument, »er verkocht ja«. Inzwischen hat es sich herumgesprochen, daß es beim Wein im Essen nicht um den Alkohol geht – der verkocht in der Tat –, sondern um den Geschmack. Und das habe ich oben schon ausgeführt: Billige (Rot-)Weine haben meist keinen Geschmack. Man muß zum Kochen keine teuren Spitzenweine nehmen. Es soll ein Wein mit Geschmack sein – und den trinkt man dann in der Regel beim Essen dieses Gerichtes. Aber auch diese Grundregel gilt nicht ohne Ausnahme. Wenn in dem Gericht andere Geschmackskomponenten – etwa kräftige Gewürze – den Weingeschmack vergessen lassen, dann muß zum Essen ein Wein gesucht werden, der diese kräftigen Noten aushält und von ihnen nicht untergebuttert wird.

Wer meine Kochsendung »alfredissimo!« regelmäßig sieht, wird längst gemerkt haben, daß ich mit meinen Gästen am häufigsten deutschen Riesling trinke. Das tue ich nicht deswegen, weil ich besonders häufig Gerichte koche, zu denen Riesling am besten paßt. Ich tue es einfach deswegen, weil mir von allen Weißweinen der deutsche Riesling am besten schmeckt. Ich trinke ihn gerne und möchte, daß meine Gäste ihn kennenlernen.

Daran sieht man, daß die Wahl des Weines, der aufgemacht werden soll, um ihn zum Essen zu trinken, nicht allein davon abhängt, wie gut er zu den Speisen paßt. Aber auch meine Liebe zum Riesling hat Grenzen. Ich würde ihn nie zu einer Lammkeule oder zu Hasenrücken trinken. Umgekehrt geht es schon mal: Gelegentlich habe ich zu Fisch Rotwein getrunken. Womit wir wieder am Anfang dieses Kapitels wären.

Als kleines Beispiel dafür, wie sehr es bei der Kombination von Essen und Wein auf den persönlichen Geschmack, auf Gewohnheiten und auf Weinregionen ankommt, hier ein Rezept für einen würzigen Gugelhupf. Meine Freundin Traddl hat es von einer Winzerfamilie im Burgund bekommen, wo dieses Rezept von Generation zu Generation weitergegeben wurde. Es ist eine Art Zwischengericht, das wunderbar zum Wein paßt – in diesem Fall natürlich dem eigenen weißen Burgunder der Winzerfamilie, also ein Chardonnay. Auch der Wein, der in das Gericht kommt, war sicher bei allen Generationen der eigene Burgunder. Nun lebe ich aber am Rhein, liebe den deutschen Riesling über alles und habe deshalb den burgundischen Gugelhupf mit Riesling gemacht – und natürlich meinen Gästen mit einem Riesling serviert. Und es schmeckte köstlich.

Burgunder Gugelhupf

250 g roher Schinken

1 Päckchen frische Hefe

250 g Mehl

4 Eier

125 ml Olivenöl

125 ml Weißwein

150 g geriebener Emmentaler

Den Backofen auf 200 °C vorheizen. Den Schinken in kleine Würfel schneiden. Die Hefe zerbröckeln.

Das Mehl in einer Schüssel mit allen Zutaten vermischen (der Teig muß nicht aufgehen) und in eine ungefettete Gugelhupfform füllen.

Die Form in den Ofen stellen und den Gugelhupf etwa 1 Stunde 15 Minuten backen.

Guten Appetit und Prost!

Vorspeisen und Salate

Für dieses Kapitel habe ich neben den Rezepten für klassische Vorspeisen und Salate auch viele Ideen für originelle kleine Vor-Vorspeisen gesammelt. Das sind manchmal mehr Anregungen als Rezepte. Man kann diese »Gaumenkitzler« auf vielfältige Weise verwenden. Wenn ich Gäste zu einem festlichen Essen einlade, beginnt der Abend meistens mit einem Glas Sekt, Prosecco oder Riesling. Dazu reiche ich gerne eine der kleinen Vor-Vorspeisen. Wenn wir uns gesetzt haben, geht es mit einer Vorspeise oder einem Salat weiter, worauf dann Hauptgang und Dessert folgen. Aber nicht alle Essen sind so reichhaltig und ausgedehnt.
Ein Hauptgang mit einem oder zwei der kleinen Happen als Vorspeise kann durchaus auch ein »festliches Essen« sein. Und wenn man Gäste gar nicht zum Essen, sondern nur zu Wein oder anderen Getränken einlädt, eignen sich die leckeren Happen als köstliche Abrundung dazu sehr gut.

In den letzten Jahren kreuzte immer öfter das Kürbiskernöl aus der Steiermark meinen Weg. Es ist ein dunkles, sehr intensiv schmeckendes Öl, das man sich entweder von österreichischen Freunden mitbringen läßt oder im Reformhaus kauft. Ich wußte lange nicht, wozu ich es verwenden sollte; Salat deckt es nicht nur geschmacklich, sondern auch optisch völlig zu. Per Zufall entdeckte ich die ideale Kombination: grüner Spargel lauwarm mit steirischem Kürbiskernöl und Essig. Eine kleine Sensation. Und noch ein Rezept gehört zu meinen Favoriten, besonders im Sommer: die »Zitrus-Vinaigrette«. Sie paßt zu vielen festen Salaten und gekochten Gemüsen und zu kaltem Fleisch.

Zum Schluß: Vergessen Sie die schlanke, gefiederte Rucolasorte – es sei denn, Sie möchten endlich wissen, wie Gras schmeckt.

Schwarzbrot-Lachs-Appetizer

Schwarzbrot (in Scheiben)

Butter

150 g Räucherlachs (in dünnen Scheiben)

Pfeffer aus der Mühle

1 Kästchen Kresse

Die Brotscheiben nach Belieben entrinden, mit Butter bestreichen. Jeweils eine Scheibe bis zum Rand mit Räucherlachs belegen und etwas Pfeffer darüber mahlen. Mit einer zweiten Brotscheibe belegen, so daß die Butterseite nach oben zeigt. Wieder mit Lachs belegen. Je nach Dicke der Brotscheiben beliebig so fortfahren. Auf die oberste, mit Lachs belegte Scheibe mit einer Schere die gewaschene Kresse schneiden.

Die Appetizer in etwa 2 cm große Quadrate schneiden.

Orientalische Keftes

500 g Rinderhackfleisch

1 mittelgroße Zwiebel

2 Eier

1–2 EL fein gehackter Dill

1/2 TL gemahlener Kreuzkümmel

1/4 TL gemahlener Kardamom

Salz, Cayennepfeffer

Olivenöl zum Braten

Das Hackfleisch in eine Schüssel geben. Die Zwiebel schälen und sehr fein hacken. Mit den Eiern, gehacktem Dill, Kreuzkümmel und Kardamom zu dem Hackfleisch geben. Gut verkneten, mit Salz und Cayennepfeffer pikant abschmecken.

Aus der Hackmasse kleine, tischtennisballgroße Kugeln formen und flach drücken. In einer Pfanne Olivenöl auf mittlerer Stufe erhitzen und die Keftes auf beiden Seiten braun und knusprig braten.

Aus der Pfanne heben und gut abtropfen lassen. Gleich heiß servieren.

Stangensellerie mit Gorgonzola

1 Staude Stangensellerie

125 g Gorgonzola-Käse

65 g weiche Butter

Pfeffer aus der Mühle

Die unteren Teile des Stangenselleries waschen, putzen und die Fäden entfernen (mit einem Messer anschneiden und die harten Fäden abziehen). Den Gorgonzola-Käse mit der Butter in eine Schüssel geben und mit einer Gabel vermischen. Mit Pfeffer abschmecken (Salz dürfte nicht nötig sein, der Käse ist schon salzig). Diese Mischung auf die Selleriestangen streichen. Auf einer Platte anrichten.

Es gibt auch Gorgonzola mit Mascarpone. Bei dem kann man die Butter weglassen, er ist schon mild.

Der Gutschein ist nicht übertragbar und nur 1x anwendbar. Bitte beachten Sie die Gültigkeit des Angebotes. Es gelten die Allgemeinen Teilnahmebedingungen von Shell CLUBSMART, nachzulesen unter www.shellsmart.com. Nur an teilnehmenden Shell Stationen. Die Extrapunkte werden Ihrem Punktekonto automatisch nach Ablauf des Aktionszeitraumes gutgeschrieben.

9 999993 001907

Matjes-Tatar

4 Matjesfilets

2 Schalotten

2 Gewürzgurken

1 säuerlicher Apfel (Boskop, Jonagold)

1–2 EL Traubenkernöl

1 Päckchen Pumpernickeltaler

gesalzene Butter

1 Bund Dill zum Garnieren

weißer Pfeffer aus der Mühle

Die Matjesfilets mit Küchenkrepp trocknen und mit einem scharfen Messer in ganz kleine Würfel schneiden. Die Schalotten pellen, eine Schalotte in winzig kleine Würfel, die zweite Schalotte in sehr dünne Scheiben schneiden.

Die Gewürzgurken recht grob schälen, so daß die Schalen gut 2 mm dick sind. Nur die Schalen nehmen und fein würfeln (Gurkeninneres anderweitig verwenden).

Den Apfel waschen, schälen und das Kerngehäuse entfernen. Den Apfel in feine Würfel schneiden.

Die Apfelwürfel mit den Schalottenwürfeln, den Gewürzgurkenschalenwürfeln und den gehackten Matjesfilets vermischen, das Traubenkernöl unterziehen.

Die Pumpernickeltaler mit Butter bestreichen und jeweils einen Teelöffel Matjes-Tatar darauf setzen.

Die Schalottenscheiben zu Ringen aufblättern und das Matjes-Tatar damit garnieren, jeweils noch ein Dillästchen darauf legen. Mit weißem Pfeffer würzen und leicht gekühlt servieren.

Statt auf Pumpernickel schmeckt das Matjes-Tatar auch auf frischen dicken Gurkenscheiben.

Ligurische Crostini

8 Scheiben Baguette oder italienisches Weißbrot

Knoblauchzehen

gutes Olivenöl extra nativ

Tomatenmark

grob gehackte Kapern

schwarzer Pfeffer, grob gemahlen

Die Brotscheiben toasten oder im Ofen oder in der Pfanne rösten. Knoblauchzehen (Menge nach Belieben) schälen und längs halbieren, mit den Schnittflächen die gerösteten Brotscheiben einreiben. Jede Scheibe mit etwas Olivenöl beträufeln, dann mit Tomatenmark bestreichen und zum Schluß mit den gehackten Kapern belegen. Mit grob gemahlenem Pfeffer bestreuen und gleich servieren.

Garnelen und Feigen mit Speck

Für die Marinade:

5 EL Olivenöl

2 EL Champagneressig (oder ein guter Weißweinessig)

1 EL Zitronensaft

1 TL Dijon-Senf

nach Belieben: 1 Knoblauchzehe

Salz, weißer Pfeffer

Für die Spießchen:

6 frische Garnelenschwänze (jeweils 6–7 cm lang)

3 getrocknete Feigen

6 Scheiben Räucherspeck (ganz dünn geschnitten)

Für die Marinade das Olivenöl mit dem Essig, Zitronensaft, Senf und (nach Belieben) einer durchgepreßten Knoblauchzehe verrühren, mit einer Prise Salz und weißem Pfeffer würzen.

Die Marinade auf zwei Schüsselchen verteilen. In dem einen die Garnelen und in dem anderen die halbierten Feigen 2 bis 4 Stunden ziehen lassen (die Garnelen im Kühlschrank, die Feigen bei Zimmertemperatur).

Die fertig marinierten Feigen und Garnelenschwänze mit jeweils einer halben Speckscheibe umwickeln und mit Zahnstochern feststecken.

Eine große Pfanne erhitzen und die Speckgarnelen und die Speckfeigen bei starker Hitze sehr schnell braten, dabei nach Belieben mit etwas Marinade beträufeln.

Die Spießchen lassen sich auch gut auf dem Holzkohlengrill zubereiten.

FRIEDENSKONFERENZ
FranziskaBecker

Makrelendip

250 g geräucherte Makrelenfilets

2 EL Crème fraîche

2–3 EL frisch geriebene Meerrettichwurzel

etwas abgeriebene Schale von einer unbehandelten Zitrone

Salz

weißer Pfeffer aus der Mühle

1 Bund Dill

1 Baguette oder Flûte

Den Backofen auf 200 °C vorheizen. Die Makrelenfilets in Stücke schneiden. Mit der Crème fraîche, dem Meerrettich und geriebener Zitronenschale in einen Mixer oder den Blitzhacker geben und zu einer glatten Masse pürieren. Vorsichtig mit Salz und Pfeffer würzen.

Den Dill waschen und trocknen, in kleine Zweige zerpflücken und beiseite legen.

Das Baguette in dünne Scheiben schneiden, auf einen Backrost legen und im Ofen goldbraun rösten.

Die Brotscheiben mit dem Makrelendip bestreichen und mit kleinen Dillzweigen garnieren. Gleich servieren.

Statt im Backofen kann man die Brotscheiben auch im Toaster rösten.

Hühnchen-Frikadellen

2 Hähnchenbrustfilets

50 g Pistazienkerne

1 Ei

Salz, Pfeffer aus der Mühle

nach Belieben: gemahlener Kreuzkümmel

2–3 EL fein gehackte Petersilie

Olivenöl zum Braten

Zitronenschnitze zum Garnieren

Die Hähnchenfilets kurz unter kaltem Wasser abspülen, mit Küchenkrepp trocknen und in grobe Stücke schneiden. Durch den Fleischwolf drehen oder im Blitzhacker zerkleinern. Die Masse mit den Pistazienkernen vermischen und nochmals durch den Fleischwolf drehen oder zerkleinern.

Die Mischung in einen tiefen Teller geben und mit dem Ei vermischen, mit Salz und Pfeffer, nach Belieben auch Kreuzkümmel würzen.
Die fein gehackte Petersilie untermischen.

Aus der Masse walnußgroße Bällchen formen. In einer Pfanne Olivenöl erhitzen und die Bällchen bei mittlerer Hitze 7 bis 8 Minuten darin unter Wenden braun braten.

Die Bällchen aus der Pfanne heben und auf Küchenkrepp entfetten. Heiß mit Zitronenschnitzen servieren.

Salzmandeln

200 g ungeschälte Mandeln

1/2 TL Butter

1/2 TL Salz

Die Mandeln mit kochendem Wasser übergießen und 3 Minuten ziehen lassen. Löffelweise herausnehmen und die braune Haut abziehen.

Die geschälten Mandeln mit Küchenpapier trocknen.

Wenn alle geschält sind, die Butter in einer Pfanne erhitzen und die Mandeln unter ständigem Rühren und Wenden rundum braun rösten.
Mit Salz bestreuen und auf Küchenkrepp entfetten.

Am besten schmecken die Salzmandeln, wenn sie 1 bis 2 Stunden vor dem Servieren ganz frisch geröstet werden.

Zucchiniplätzchen

500 g Zucchini

Salz

4 EL Mehl

2 Eier

je 2 EL fein gehackte glatte Petersilie, Minze und Dill

Sonnenblumenöl zum Braten

Die Zucchini waschen und auf einer Rohkostreibe (mittelfein) raspeln. In eine Schüssel geben und salzen, etwa 20 Minuten ruhenlassen. Dann die ausgetretene Flüssigkeit aus der Schüssel abgießen und die Zucchiniraspel in einem Tuch fest ausdrücken. Mit dem Mehl, den Eiern und den gehackten Kräutern vermischen, mit Salz abschmecken.

Aus dem Zucchiniteig kleine Plätzchen (etwa wie Reibekuchen) formen.

In einer Pfanne Sonnenblumenöl erhitzen und die Plätzchen bei mittlerer Hitze etwa 5 Minuten pro Seite braten, bis sie leicht angebräunt sind. Warm servieren.

Marinierte Paprika

je 3 rote und gelbe Paprikaschoten

5 Knoblauchzehen

8 Sardellenfilets

5 EL Zitronensaft

8 EL Olivenöl

Salz, Pfeffer aus der Mühle

Den Backofen auf 200 °C vorheizen. Die Paprikaschoten waschen, halbieren, die Stiele, Kerne sowie die hellen Trennwände entfernen.
Die Paprikahälften mit den Schnittstellen nach unten auf ein Backblech mit Backpapier oder in eine hitzefeste Form legen und im heißen Ofen backen, bis die Haut der Paprikaschoten kräftig Blasen wirft (dauert etwa 30 Minuten).

Das Blech oder die Form aus dem Ofen nehmen und die Schoten mit einem feuchten Tuch bedecken, etwas abkühlen lassen.

Den Knoblauch schälen. Die Sardellenfilets unter kaltem Wasser abspülen und mit Küchenkrepp trockentupfen. Die Haut der Paprikaschoten abziehen und die Schoten in Streifen schneiden. Auf einer Servierplatte auslegen.

Den Knoblauch fein hacken oder mit der Knoblauchpresse in ein Schüsselchen drücken. Die Sardellen fein hacken und zugeben. Mit Zitronensaft, Olivenöl, Salz und Pfeffer vermischen, über die Paprikastreifen gießen.

Die Paprikastreifen möglichst über Nacht, mindestens 6 Stunden marinieren lassen. Mit knusprigem Baguette oder italienischem Weißbrot servieren.

Die Schoten werden schneller dunkel, wenn der Backofen (möglichst mit Grill) auf höchster Stufe (250 °C) vorgeheizt wird. Dann werfen sie schon nach 10 bis 15 Minuten dicke Blasen. Erst aus dem Ofen nehmen, wenn sie ganz dunkel geworden sind, sonst ist das Enthäuten zu mühsam.

Pollo Tonnato

2 doppelte Hähnchenbrustfilets

1 Zwiebel

125 g Sellerieknolle

2 Möhren

1 Lorbeerblatt

Salz

2 Eigelbe

2 EL Zitronensaft

125 ml Olivenöl

150 g Thunfisch (aus der Dose)

3 EL Kapern

Pfeffer aus der Mühle

1/2 Bund Basilikum

Die Hähnchenbrustfilets kalt abspülen, mit Küchenkrepp trocknen und beiseite stellen.

Die Zwiebel pellen und vierteln. Den Sellerie und die Möhren waschen, putzen und grob zerteilen. Zwiebelviertel, Sellerie- und Möhrenstücke mit dem Lorbeerblatt in einen Topf geben, etwa 1/2 l Wasser aufgießen und zum Kochen bringen. Den Deckel auflegen und 15 Minuten köcheln lassen.

Den Sud mit 1/2 TL Salz würzen und die Hähnchenbrustfilets darin 15 bis 20 Minuten bei schwacher Hitze gar ziehen lassen.

Für die Sauce die Eigelbe mit dem Zitronensaft in einen Mixer geben. Den Mixer einschalten und das Olivenöl in dünnem Strahl gleichmäßig zufließen lassen, bis eine dicke Majonnaise entstanden ist. Den Thunfisch grob zerkleinern und zusammen mit den Kapern zu der Majonnaise mixen. Wenn die Sauce zu dick ist, noch einige Löffel vom Kochsud zugeben. Die Thunfischsauce mit Salz und Pfeffer abschmecken.

Das Hähnchenfleisch in dünne Scheiben schneiden und mit der Thunfisch-Majonnaise überziehen. In den Kühlschrank stellen.

Zum Servieren das Basilikum waschen und trocknen, die Blättchen fein hacken und über das »Pollo Tonnato« streuen.

Das Pollo schmeckt nicht nur kalt, sondern auch warm wunderbar!

Geschmolzener Feta

200 g Feta (griechischer Schafskäse, 45 % Fett)

4 dünne Tomatenscheiben

getrockneter Oregano

Den Backofen auf 250 °C (Grill und Umluft) vorheizen. Den Feta in kleine ofenfeste Schälchen krümeln und mit 2 bis 3 mm dünnen Tomatenscheiben bedecken. Jeweils etwas Oregano darüber bröseln. Die Schälchen auf der obersten Schiene in den Backofen schieben und etwa 4 Minuten backen, bis der Käse leicht gebräunt und die Tomatenscheiben weich sind.

Je nach Belieben kann man noch etwas Olivenöl in die Schälchen geben, ehe man den Feta und die Tomatenscheiben hineinlegt.

Gebratene Auberginen- und Zucchinischeiben

2–3 kleinere längliche Auberginen (gibt es zum Beispiel beim türkischen Gemüsehändler)

3–4 feste Zucchini

ca. 1/2 Tasse Mehl

Olivenöl zum Braten

Salz, Pfeffer aus der Mühle

Die Auberginen waschen und den grünen Stielansatz abschneiden. Die Auberginen der Länge nach in 1 cm dicke Scheiben schneiden.

Die Zucchini waschen und die Enden abschneiden. Ebenfalls der Länge nach in Scheiben – etwas dünner als die Auberginenscheiben – schneiden.

Das Mehl auf einen großen flachen Teller oder eine Platte streuen. In einer großen Pfanne nicht zuwenig Olivenöl erhitzen.

Jeweils 2 bis 3 Zucchini- und Auberginenscheiben in dem Mehl wenden, überschüssiges Mehl abklopfen und die Scheiben sofort (sonst zieht das Mehl Feuchtigkeit) im heißen Öl auf beiden Seiten braten, bis sie hellbraun sind. Aus der Pfanne heben, auf Küchenkrepp abtropfen lassen und mit Salz und Pfeffer bestreuen.

Dazu diese beiden Saucen servieren:

Joghurtsauce

1 Becher Joghurt

2 EL fein gehackte frische Minze

2 TL gemahlener Kreuzkümmel (Cumin)

Knoblauchzehen nach Belieben

Salz, Cayennepfeffer

Den Joghurt in eine Schüssel füllen und cremig rühren. Mit der gehackten Minze und dem Kreuzkümmel vermischen.

Die Knoblauchzehen schälen und durch die Presse dazudrücken. Mit Salz und Cayenne abschmecken.

Gemüse-Relish

2 mittelgroße Tomaten

1/4 Salatgurke

1/2 grüne Paprikaschote

2–3 dünnere Lauchzwiebeln (Frühlingszwiebeln)

2 EL Hot-Chili-Sauce (nach Geschmack)

Saft und geriebene Schale von 1/2 Zitrone

Salz, Zucker

Die Tomaten kurz mit kochendem Wasser überbrühen, häuten und entkernen, das Fruchtfleisch hacken. Die Salatgurke und die halbe Paprikaschote waschen, putzen und in kleine Würfel schneiden.

Die Lauchzwiebeln waschen, putzen und in ganz feine Ringe schneiden. Das Gemüse in eine Schüssel geben und vermischen. Mit der Hot-Chili-Sauce, Zitronensaft und geriebener Schale, Salz sowie einer Prise Zucker abschmecken. Nach Belieben mit gehackter glatter Petersilie anrichten.

Geflügelleber-Creme mit schneller Portweinsauce

Für die Geflügelleber-Creme:

125 g Hühnerlebern

2 Schalotten

1 säuerlicher Apfel (Boskop, Granny Smith)

1–2 EL Sonnenblumenöl

2–4 EL Calvados (Apfelschnaps)

Salz, Pfeffer aus der Mühle

Baguette, Cracker oder Bauernbrot zum Servieren

Für die Portweinsauce:

3 mittelgroße Schalotten

1/8 l Portwein

2–3 EL Schnittlauchröllchen

Salz, Pfeffer aus der Mühle

Für die Geflügelleber-Creme die Hühnerlebern sorgfältig putzen und in grobe Stücke zerteilen. Die Schalotten pellen und fein hacken. Den Apfel schälen, vierteln und entkernen, die Viertel in Stücke schneiden.

In einer Pfanne das Öl erhitzen. Die Schalottenwürfel darin glasig dünsten. Dann erst die Apfelwürfel anbraten, schließlich die Leberstücke zugeben und alles unter Rühren garen, bis kein Blut mehr aus der Leber tritt. Den Calvados darüber gießen, kurz warm werden lassen und mit einem langen Streichholz entzünden (flambieren) – Vorsicht, die Flammen können Haare oder ähnliches über der Pfanne in Brand setzen!

Die Mischung mit Salz und Pfeffer würzen, etwas abgekühlt im Mixer oder Blitzhacker zu einer glatten Creme pürieren. In den Kühlschrank stellen und einige Stunden kühlen.

Für die Sauce die Schalotten pellen und sehr fein hacken. In einem Topf den Portwein mit den Schalottenwürfeln erhitzen und ohne Deckel einkochen lassen, bis die Sauce sämig gebunden ist, dabei in den letzten 10 Minuten die Schnittlauchröllchen zugeben. Mit Salz und Pfeffer abschmecken.

Die abgekühlte Creme auf Baguettescheiben, Cracker oder Bauernbrot streichen und mit der Portweinsauce beträufelt servieren.

Kleine Dill-Rösti mit rohem Lachs

500 g festkochende Kartoffeln

1 Bund Dill

Salz, Pfeffer aus der Mühle

Butterschmalz zum Braten

200 g frisches Lachsfilet

1 Becher Crème fraîche

etwas Zitronensaft

Die Kartoffeln waschen, schälen und auf einer Rohkostreibe mittelgrob raspeln.

Den Dill waschen und trocknen, dicke Stiele entfernen und die Dillspitzen (bis auf einige zum Garnieren) fein hacken – etwa 2 EL voll werden benötigt.

Die Kartoffelraspel mit dem gehackten Dill gründlich vermischen, mit Salz und Pfeffer würzen. Die Masse in einem Tuch auspressen.

In einer großen Pfanne Butterschmalz erhitzen, jeweils 1 EL Kartoffelmasse in die Pfanne setzen, mit einem Pfannenwender platt drükken und bei mittlerer Hitze knusprig braten, dabei einmal wenden. Die fertigen Rösti aus der Pfanne heben, auf Küchenkrepp entfetten und im Ofen warm halten.

Nebenbei das Lachsfilet mit einem scharfen Messer in sehr dünne Scheiben schneiden. Die Crème fraîche mit etwas Zitronensaft, Salz und Pfeffer abschmecken.

Wenn alle Rösti gebraten sind, mit den Lachsscheiben belegen und jeweils einen Klecks Crème fraîche darauf setzen. Mit den zurückbehaltenen Dillspitzen garnieren und gleich servieren.

Der rohe Lachs muß ganz frisch sein – am besten den Fischhändler fragen, wann er beliefert wird. Ansonsten geht auch Räucherlachs oder Gravad Lachs.

Enten-Terrine

500 g Entenbrustfilets

1 unbehandelte Zitrone oder Limette (Limone)

1 unbehandelte Orange

500 g Schweinemett (gewürztes Schweinehackfleisch)

2 Eier

3–4 EL Cognac (oder guter Weinbrand)

je 1–2 Msp gemahlener Ingwer, Piment, Zimt und Cayennepfeffer

Salz, Pfeffer aus der Mühle

Den Backofen auf 180 °C vorheizen. Die Entenbrustfilets häuten, das Fleisch in kleine Würfel schneiden. Die Zitrone (oder Limette) und die Orange heiß abwaschen, jeweils 1 gehäuften EL voll Schale abreiben.

Das Entenfleisch mit dem Schweinemett, den geriebenen Zitrusschalen, den Eiern, Cognac und den Gewürzen vermischen, sparsam mit Salz (das Mett ist ja bereits gewürzt), kräftig mit Pfeffer abschmecken.

Die Mischung in eine Terrinenform füllen und etwas andrücken, die Oberfläche glattstreichen. Die Form mit dem dazugehörigen Deckel oder mit Alufolie verschließen, in einen passenden hitzefesten Topf oder einen Bräter stellen und seitlich so viel kochendes Wasser angießen, daß die Form zu 2/3 im Wasserbad steht.

Den Topf oder den Bräter in den heißen Ofen (unten) stellen und die Terrine 1 1/2 bis 2 Stunden garen, nach Bedarf Wasser nachgießen.

Dann den Deckel abnehmen und ein sauberes Holzbrettchen, das möglichst genau in die Form paßt, auf die Terrine legen. Mit einer vollen Konservendose beschweren und abkühlen lassen. Dann in den Kühlschrank stellen und einige Stunden kühlen.

Dann die Terrine in Scheiben schneiden und servieren. Dazu passen gutes Bauernbrot, saure Gürkchen und eine Cumberland-Sauce (fertig aus dem Glas) oder die Balsamico-Schalotten:

Balsamico-Schalotten

500 g kleine Schalotten

4 EL Olivenöl

100 ml Aceto Balsamico

2 EL brauner Zucker

5 Nelken

3 Lorbeerblätter

1/2 TL Salz

Die Schalotten ungeschält in einen Topf geben, knapp mit kaltem Wasser bedecken, aufkochen und dann zugedeckt bei schwacher Hitze 7 bis 10 Minuten köcheln lassen. Die Schalotten in ein Sieb abgießen und pellen.

Die gepellten Schalotten in einer Pfanne mit dem Olivenöl bei kleiner Hitze etwa 5 Minuten dünsten. Den Aceto Balsamico, 100 ml Wasser, den braunen Zucker und die Gewürze zugeben und 15 bis 20 Minuten bei kleiner Hitze unter gelegentlichem Rühren garen. Die Balsamico-Schalotten schmecken warm oder kalt – zum Beispiel auch einfach so als Vorspeise.

Sellerie-Salat mit Sauerrahm

750 g Knollensellerie

Salz

2 Schalotten

3 EL Weißweinessig

1 Becher saure Sahne (Sauerrahm)

2 EL Pflanzenöl

Pfeffer aus der Mühle

Den Sellerie waschen, schälen und vierteln. Die Sellerieviertel in einem Topf mit kaltem Wasser bedecken, salzen und aufkochen. Den Sellerie bißfest garen (Garprobe: mit einer Messerspitze einstechen, die Knollen sollen noch einen spürbaren Widerstand bieten).

Die Schalotten pellen und in feine Scheiben schneiden.

Aus dem Essig, saurer Sahne, Öl, Salz und Pfeffer eine Marinade rühren. Die Schalottenscheiben zu Ringen aufblättern und unter die Marinade mischen.

Die gegarten Selleriestücke abgießen und noch heiß in 1/2 cm dicke Scheiben schneiden. Unter die Marinade heben und durchmischen. 2 bis 3 Stunden durchziehen lassen, dabei ab und zu umrühren.

Fenchel-Orangen-Salat

2 Orangen

2 Fenchelknollen

ein Stück Parmesan-Käse

1 Handvoll schwarze Oliven (ohne Stein)

2–3 EL Honigessig (oder ein anderer milder Obstessig)

4 EL neutrales Pflanzenöl

Salz, Pfeffer aus der Mühle

Die Orangen mit einem scharfen Messer so dick bis ins Fruchtfleisch schälen, daß auch die weiße Haut entfernt wird. Die Fruchtspalten zwischen den hellen Trennhäuten herausschneiden, dabei den Saft auffangen.

Von den Fenchelknollen jeweils den Strunk entfernen, die Knollen waschen und unansehnliche Stellen ausschneiden. Die Knollen mit einem Gurkenhobel sehr fein hobeln. Dann den Parmesan ebenso fein hobeln. Die Fenchel- und Parmesanscheiben vorsichtig mit den Orangenfilets vermischen.

Die Oliven halbieren und zum Salat geben. Aus dem Essig mit dem aufgefangenen Orangensaft, dem Pflanzenöl, Salz und Pfeffer eine Salatsauce rühren, über den Fenchel-Orangen-Salat gießen und alles noch einmal behutsam vermischen.

Das Mischungsverhältnis von Orangen und Fenchel sollte etwa 1:1 sein. Fenchelgrün von den Knollen nicht wegwerfen, sondern fein hacken und über den Salat streuen, sieht schön aus und gibt Aroma.

Feldsalat mit Senf-Ei-Dressing

ca. 350 g Feldsalat

2 hartgekochte Eier

1 TL Dijon-Senf

2–3 EL milder Weißweinessig

Salz, Pfeffer aus der Mühle

1 Prise Zucker

4 EL Olivenöl extra nativ

Den Feldsalat mehrmals gründlich waschen, putzen und in einem Sieb gut abtropfen lassen.

Die hartgekochten Eier pellen und halbieren, die Eigelbe auslösen und in einem Schüsselchen mit einer Gabel zerdrücken. Den Senf, den Essig, Salz, Pfeffer und Zucker unterrühren, schließlich das Olivenöl mit einer Gabel kräftig unterschlagen.

Den Feldsalat vorsichtig mit dem Dressing vermischen und gleich servieren. Nach Belieben die Eiweiße hacken und darüber streuen.

Gemüsesalat

800 g festkochende Kartoffeln

4 große Zwiebeln

je 1 rote, gelbe und grüne Paprikaschote

2–4 Knoblauchzehen

2 Fleischtomaten

1/4 l Olivenöl extra nativ

Salz, Pfeffer aus der Mühle

2 Zweige frischer Thymian

1/8 l Weißwein

1 EL Aceto Balsamico

2–3 EL Weißweinessig

1 Bund Basilikum

Die Kartoffeln waschen, schälen und in große Würfel schneiden. Die Zwiebeln schälen und vierteln.

Die Paprikaschoten waschen, halbieren, Stiele, Kerne und Trennwände entfernen. Die Schoten in Würfel schneiden. Die Knoblauchzehen pellen und fein hacken.

Die Tomaten kurz mit kochendem Wasser überbrühen, häuten und halbieren, die Kerne entfernen und die Tomatenhälften in kleine Stücke schneiden.

In einem Schmortopf das Olivenöl erhitzen. Zuerst die Zwiebeln und den Knoblauch darin glasig dünsten, dann die Kartoffel- und die Paprikawürfel zugeben. Mit Pfeffer und Salz würzen und den Thymianzweig dazugeben. Mit dem Weißwein übergießen und zugedeckt bei schwacher Hitze 30 Minuten garen. Dann die Tomaten unter das Gemüse mischen und alles noch etwa 20 Minuten garen, bis die Tomaten verkocht sind.

Die Gemüsemischung mit den beiden Essigsorten, Salz und Pfeffer abschmecken und bei Zimmertemperatur abkühlen lassen (nicht im Kühlschrank, sonst leidet das feine Aroma). Etwa 5 Stunden durchziehen lassen.

Zum Servieren das Basilikum waschen und die Blättchen grob hacken. Den Gemüsesalat mit dem Basilikum bestreuen und servieren.

Ziegen-Frischkäse mit Riesling-Vinaigrette

4 kleine Ziegen-Frischkäse

1 Ei, Mehl und Semmelbrösel

ca. 5 EL Olivenöl

etwa 150 g bunt gemischte Salatblätter (Feldsalat, Frisée, Rucola, Radicchio)

2 Schalotten

3 EL Weißweinessig

4 EL trockener Riesling

Salz, Pfeffer aus der Mühle

1 Prise Zucker

1 EL Schnittlauchröllchen

Die Ziegen-Frischkäse nacheinander in Mehl, verkleppertem Ei und Semmelbröseln wälzen. In etwas Öl goldbraun braten.

Die Salatblätter waschen und gut trocknen. Die Schalotten pellen und fein hacken. Mit dem Essig und dem Riesling verrühren, salzen, pfeffern und eine Prise Zucker zugeben. Etwa 3 EL Olivenöl mit einer Gabel kräftig unterschlagen, die Schnittlauchröllchen unterziehen.

Die Salatblätter auf Teller verteilen, die gebratenen Ziegen-Frischkäse darauf setzen und mit der Vinaigrette beträufeln.

Dazu paßt Walnußbrot.

Rucola-Brunnenkresse-Salat mit Birne und Roquefort

1 Bund Rucola (möglichst mit großen runden Blättern)

1 Bund Brunnenkresse

2 reife, aromatische Birnen (zum Beispiel Williams Christ oder Abate Fetel)

1/2 TL Korianderkörner

50 g Butter

1 TL brauner Zucker

2 EL Aceto Balsamico

Salz, Pfeffer aus der Mühle

125 g Roquefort oder ähnlicher Blauschimmelkäse

Rucola und die Brunnenkresse verlesen, gründlich waschen, die harten, gröberen Stiele entfernen. Die Salate trockenschleudern.

Die Birnen schälen, vierteln oder (je nach Reife) achteln und die Kerngehäuse ausschneiden. Die Korianderkörner im Mörser zerstoßen.

Rucola- und Kresseblättchen auf Tellern anrichten.

Die Hälfte der Butter in einer Pfanne erhitzen, den Zucker und den Koriander darin verrühren. Die Birnen in die Pfanne legen und unter Wenden braten, bis sie glasiert sind. Auf den Salat legen.

Die restliche Butter in der Pfanne schmelzen lassen, den Balsamessig einrühren, mit etwas Salz und Pfeffer abschmecken und über den Salat löffeln.

Den Roquefort zerbröckeln und über den Salat streuen. Lauwarm servieren.

Brunnenkresse – vor allem selbstgesammelte – immer sehr gut waschen und die gröberen Stengel entfernen.

WEIN & KÄSE
ZIEGENKÄSE DIREKT VOM ERZEUGER
BIO
papan

Grüner Spargel mit Kürbiskernöl

1 kg grüner Spargel (möglichst dünne Stangen)

Salz

3 EL Kürbiskernöl (aus der Steiermark)

1 EL Aceto Balsamico

Pfeffer aus der Mühle

In einem großen Topf Wasser für den Spargel aufsetzen.

Den Spargel waschen und die harten Enden abschneiden – das geht am besten, wenn man mit einem scharfen Messer in Richtung Spargelkopf prüft, an welcher Stelle das Messer mit wenig Widerstand durch die Spargelstange schneidet.

Die Spargelstangen in das sprudelnd kochende Wasser legen, salzen und je nach Dicke der Stangen in 3 bis 5 Minuten bißfest garen.

Das Kürbiskernöl mit dem Balsamessig verrühren, salzen und pfeffern.

Die Spargelstangen kurz abtropfen lassen und auf eine Platte legen, mit der Sauce übergießen und noch lauwarm servieren.

Kürbiskernöl ist dunkelgrün bis fast schwarz und schmeckt sehr nussig und kräftig. Es wird vor allem in der Steiermark (dort heißt es einfach »Kernöl«) aus schalenlosen Kürbiskernen gewonnen. Man findet es in Feinkostgeschäften oder im Reformhaus. Schmeckt übrigens auch fein in Kartoffelsalat.

Zitrus-Vinaigrette

1 EL Rôtisseur-Senf (grober, körniger Senf)

5 EL frisch gepreßter Orangensaft

1 EL frisch gepreßter Zitronensaft

1 EL Weißweinessig

2 EL Honig

je 1 EL unbehandelte Orangen- und Zitronenschale, sehr fein gehackt

2 EL Schnittlauchröllchen

6 EL mildes Olivenöl extra nativ

Salz, Pfeffer aus der Mühle

Alle Zutaten außer dem Olivenöl in einer Schüssel mischen. Dann langsam das Olivenöl mit einem Schneebesen unterschlagen, mit Salz und Pfeffer würzen. Fertig.

Schmeckt gut zu kaltem Huhn, Brunnenkresse, Fenchel, Kohlrabi …

Renates grüne Sauce mit Eiern

mindestens 6 verschiedene Kräuter, zum Beispiel:

1 Bund Schnittlauch

1 Bund Dill

1 Bund Estragon

1 Bund Sauerampfer

1 Bund Kerbel

1 Bund Petersilie (glatte)

1 Kästchen Gartenkresse

eventuell auch noch Borretsch und Pimpinelle

1/2 Tasse Milch

2 Becher Vollmilch-Joghurt

1/2 Becher Crème fraîche

etwas Zitronensaft

Salz, Pfeffer aus der Mühle

Die ganzen Kräuter waschen und trocknen, die harten Stiele entfernen und die Blätter kleinschneiden. Den Schnittlauch in feine Röllchen schneiden. Die Kräuter in einen hohen Becher geben, die Milch dazugießen und alles mit dem Pürierstab so lange mixen, bis alles fein zerkleinert, cremig und dickflüssig ist.

Den Joghurt dazurühren und die Crème fraîche untermischen. Mit etwas Zitronensaft, Salz und Pfeffer würzen.

Die Sauce kalt zu gekochtem grünem Spargel servieren.

Die Sauce schmeckt auch gut zu kaltem Geflügel und zu kaltem Braten. Oder: hartgekochte Eier halbieren, gegarte Crevetten (Riesengarnelen) halbieren, beides auf Tellern anrichten und mit der Sauce übergießen.

Suppen, Eintöpfe und Aufläufe

Je älter ich werde, desto öfter esse ich Suppen, und zwar auch als Vorspeise. Interessant ist, daß ich einerseits leicht exotische Suppen, wie die »Orientalische Linsensuppe« oder die »Exotische Karottensuppe« mit Kokosnuß-Creme, sehr schätze, aber gleichzeitig einfache, traditionelle Suppen dagegensetze.
Der »Graupeneintopf« ist für viele ein Kindheitstrauma. Aber wer ihn nach dem Rezept in diesem Kapitel macht, wird alle schlechten Erinnerungen sofort ablegen und nur noch genießen. Ein wunderbares Wintergericht.
Die »Toskanische Bohnensuppe« hat mit den Bohnensuppen, die wir aus Kantinen, Mensen und Autobahnraststätten kennen, gar nichts zu tun. Ich werde von vielen Freunden sehr oft gebeten, diese italienische Köstlichkeit für sie zu kochen. Und zwar das ganze Jahr über. Besonders gut schmeckt sie, wenn man sie mit einer selbstgemachten Rinderbrühe, wie sie auch in diesem Kapitel beschrieben ist, macht.

Die gute alte Rinderbrühe

2 Beinscheiben vom Rind

500 g Zwerchrippe (oder ähnliches durchwachsenes Fleisch zum Kochen)

3–4 Markknochen

2–4 Stücke Ochsenschwanz

2 Zwiebeln

1 Lauchstange

125 g Sellerieknolle

1–2 Möhren

1 Bund Petersilie

2 Lorbeerblätter

20 Pfefferkörner

10 Pimentkörner

1/2 TL getrockneter Thymian

Salz

Das Fleisch abspülen und besonders die Knochenstücke gründlich abreiben.

Die Zwiebeln pellen und halbieren. Den Lauch putzen, den grünen Teil längs aufschlitzen und gründlich waschen. Den Lauch in grobe Stücke schneiden. Die Sellerieknolle waschen, schälen und in grobe Stücke zerteilen. Die Möhren waschen, schälen und ebenfalls in dicke Scheiben schneiden. Die Petersilie waschen.

Einen großen Suppentopf erhitzen (ohne Fett!) und die Zwiebelhälften mit den Schnittflächen nach unten darin rösten, bis sie dunkelbraun karamelisiert sind.

Den Topf abkühlen lassen, dann die Markknochen, die Ochsenschwanzstücke, darauf die Beinscheiben und die Zwerchrippe einschichten. Das Gemüse darüber verteilen, die Gewürze und etwa 1 TL Salz zugeben und soviel Wasser angießen, daß alles gut bedeckt ist.

Ganz langsam bei kleinster Hitze (so gibt das Fleisch sein Bestes ab) zum Köcheln bringen, den dabei aufsteigenden Schaum (besteht aus Eiweiß und Trübstoffen) mit dem Schaumlöffel abschöpfen. Wenn kein Schaum mehr aufsteigt, den Deckel auflegen und die Brühe 2 bis 3 Stunden ganz leise simmern lassen. Dabei eventuell etwas heißes Wasser nachgießen, so daß das Fleisch immer mit Flüssigkeit bedeckt ist.

Dann das Fleisch aus der Brühe heben, die Brühe durch ein feines Sieb gießen und weiterverwenden – für eine Suppe – oder portionsweise einfrieren.

Erfreulicher Nebeneffekt: Das Fleisch von den Beinscheiben und vom Ochsenschwanz auslösen, die Zwerchrippe in Scheiben schneiden. Auf einer Platte anrichten, mit etwas heißer Brühe übergießen und mit frisch geriebenem Meerrettich als Tellerfleisch essen.

RINDERBRÜHE
BADEN
VERBOTEN
papan

Hühnerbrühe

1 Suppenhuhn (ca. 1,5 kg)

1 kg gemischtes Hühnerklein (Flügel, Hälse, Mägen etc.)

1 Stange Lauch

1 Möhre

1/4 Sellerieknolle (ca. 125 g)

2 Zwiebeln

2–3 Lorbeerblätter

10 Pfefferkörner

6–8 Pimentkörner

1 Bund Petersilie

Salz

Das Huhn und das Hühnerklein waschen und in einen großen Topf legen.

Das Gemüse waschen, putzen, schälen und grob zerteilen, ebenfalls in den Topf geben. Die Gewürze und Kräuter zugeben und etwa 3 l Wasser aufgießen, 1 TL Salz zugeben.

Den Topf auf den Herd stellen und die kleinste Hitze einschalten. Ohne Deckel zum Köcheln bringen. Den sich bildenden Schaum mit einem Schaumlöffel (oder einem Eßlöffel) abheben. Das Ganze 2 bis 3 Stunden leise köcheln lassen, dabei eventuell etwas Wasser nachgießen.

Nach der Garzeit das Huhn, die Hühnerteile und das Gemüse herausfischen, die Brühe durch ein feines Sieb gießen und portionsweise weiterverwenden (was nicht sofort gebraucht wird, am besten tiefkühlen).

Das Huhn enthäuten, das Fleisch ablösen und in Streifen schneiden. Zum Beispiel mit Zitrus-Vinaigrette als Vorspeise servieren.

Die Hühnerbrühe ist die ideale Basis für viele Risottos, ergibt aber auch – einfach nur mit gehackter Petersilie bestreut – eine feine Suppe.

Grüne Spargelsuppe

1 kg grüner Spargel

4 EL Kerbelblättchen

3 EL Olivenöl

1–2 EL Hühnerbrühpaste

1 Becher Crème fraîche

Salz, Pfeffer aus der Mühle

Muskatnuß, gerieben

Den Spargel waschen, das harte untere Ende abschneiden. Stangen in Stücke teilen, die Köpfe beiseite legen. Die Kerbelblättchen waschen und die Stengel entfernen.

In einem Topf das Olivenöl erhitzen und die Spargelstücke stark anbraten, sie sollen gut Farbe bekommen. Mit 3/4 l Wasser aufgießen, Brühpaste zugeben, die Kerbelblättchen unterrühren und 15 Minuten köcheln lassen.

Die Suppe mit dem Pürierstab aufmixen, Crème fraîche einrühren. Mit Salz, Pfeffer und Muskatnuß abschmekken. Die Spargelköpfe jetzt in die Suppe rühren und noch 4 bis 5 Minuten garen.

Orientalische Linsensuppe

1 mittelgroße Zwiebel

1 Bund Koriandergrün

1 unbehandelte Zitrone

4 EL Olivenöl

je 1 TL gemahlener Koriander und Kreuzkümmel (Cumin)

je 1/2 TL Ingwerpulver und englisches Senfpulver

1 l Gemüsebrühe

250 g geschälte rote Linsen

1 Becher Sahne-Joghurt (griechischer oder türkischer)

Salz, Pfeffer aus der Mühle

Die Zwiebel pellen und fein hacken. Das Koriandergrün waschen und trocknen. Die Zitrone heiß waschen, ein etwa daumengroßes Stück Schale dünn abschälen, die Zitrone auspressen.

Im Suppentopf das Öl erhitzen, die Zwiebelwürfel unter Rühren anschwitzen. Die Gewürze dazurühren und kurz dünsten. Die Brühe aufgießen, Zitronenschale und die Linsen einrühren. Bei schwacher Hitze zugedeckt 15 bis 20 Minuten garen, bis die Linsen weich sind.

Das Koriandergrün hacken, unter den Joghurt rühren, mit Zitronensaft würzen.

Die Zitronenschale aus der Suppe entfernen. Die Suppe abschmecken, in tiefe Teller füllen und jeweils mit einem Klecks Koriander-Joghurt garnieren, sofort servieren.

Wenn Sie kein Koriandergrün mögen, können Sie auch etwas weniger frische Minze nehmen.

Kürbis-Papaya-Suppe

1 kg Kürbis

2 große Kartoffeln

etwa 1 l Gemüsebrühe

2 Papayas

1/2 Becher Sahne

Salz, Pfeffer aus der Mühle

Paprikapulver rosenscharf

Cayennepfeffer

1 Bund Petersilie

Den Kürbis schälen und entkernen, das Fruchtfleisch würfeln. Die Kartoffeln waschen, schälen und in Würfel schneiden.

Etwa 3/4 l Gemüsebrühe in einem großen Topf aufsetzen, die Kürbis- und Kartoffelwürfel darin weich kochen.

Die Papayas halbieren, die Kerne und die Innenhaut auskratzen. Papayas schälen und in Stücke schneiden. Zur Suppe geben und nur ganz kurz aufkochen lassen. Die Suppe durch ein Passiersieb streichen (mit dem Pürierstab glattmixen). Je nach Konsistenz die Suppe mit weiterer Gemüsebrühe aufgießen, noch einmal erhitzen und die Sahne unterrühren.

Die Suppe mit Salz, grob gemahlenem Pfeffer, Paprika und Cayennepfeffer pikant abschmecken. Die Petersilie waschen, Blätter abzupfen und hacken, über die Suppe streuen und servieren.

Die Papayas müssen reif sein, sonst ist das Fruchtfleisch hart und fade.

Exotische Karottensuppe

1 kg Karotten (Möhren)

250 g Spinat (eventuell Tiefkühl-Blattspinat)

1 Bund Koriandergrün (Cilantro)

1 große Zwiebel

1 Knoblauchzehe

1 TL Brühepulver

50 g gemahlene Mandeln

25 g Kokosnuß-Creme (ungesüßt, aus der Dose)

1 Limone (Limette)

Salz, schwarzer Pfeffer aus der Mühle

Crème fraîche oder Sahne-Joghurt

Die Karotten putzen, waschen und in 2 bis 3 cm lange Stücke schneiden. Den Spinat verlesen, gründlich waschen und abtropfen lassen. Den Koriander waschen, trocknen und die Blättchen abzupfen.

Die Zwiebel pellen und grob zerteilen. Den Knoblauch pellen, aber ganz lassen.

Die Karotten, die Zwiebelstücke, die ganze Knoblauchzehe und das Brühepulver in einen Suppentopf geben und etwa 1 l Wasser aufgießen, bis die Karotten ganz bedeckt sind. Zum Kochen bringen, zugedeckt etwa 30 Minuten köcheln lassen, bis die Karotten weich sind. Dann die Knoblauchzehe herausfischen und wegwerfen.

Den Topfinhalt zusammen mit den gemahlenen Mandeln in einen Mixer geben und glattpürieren.

Das Püree wieder in den Topf gießen, zuerst die Kokoscreme, dann den Saft der Limone unterrühren. Die Suppe aufkochen und die Spinatblätter zugeben. Aufwallen lassen, bis der Spinat zusammengefallen ist. Mit Salz, Pfeffer abschmecken und falls nötig noch etwas Wasser zugeben.

Die Suppe vom Herd nehmen und mit jeweils einem Klecks Crème fraîche oder Joghurt, Koriandergrün und schwarzem Pfeffer servieren.

Chili sin Carne

2–3 Möhren

3–4 Stangen Staudensellerie

4 Paprikaschoten (2 grüne, 1 gelbe und 1 rote Schote)

1 Zucchini

3 mittelgroße Zwiebeln

Olivenöl

1 Glas Tomatensauce (oder Tomatenmark)

1 Dose geschälte Tomaten

2 kleine Dosen Kidney-Bohnen (rote Bohnen)

2 EL Kreuzkümmel (Cumin)

2 EL Paprikapulver rosenscharf

1 EL Oregano

1 EL getrocknetes Basilikum oder 10 frische Basilikumblätter

Salz, Pfeffer aus der Mühle

Tabasco

saure Sahne zum Garnieren

Alle Gemüsesorten waschen, putzen und, soweit sinnvoll, schälen. In kleine Stücke schneiden.

In einem großen Topf reichlich Olivenöl erhitzen.

Zunächst die Möhren bei mäßiger Hitze etwa 8 Minuten braten. Dann die Staudensellerie- und die Paprikastücke zugeben, weitere 5 Minuten anbraten. Jetzt die Zucchini und die Zwiebeln untermischen und noch 3 bis 4 Minuten braten.

Die Tomatensauce, die geschälten Tomaten und die Kidney-Bohnen ebenfalls in den Topf geben. Alles zum Kochen bringen und mit den Gewürzen, Kräutern, Salz und Pfeffer abschmecken.

Zugedeckt etwa 1 Stunde leise köcheln lassen, dabei ab und zu umrühren, bei Bedarf ein wenig Wasser angießen.

Zum Schluß das Chili mit Tabasco nach Geschmack »schärfen« und mit einem Häubchen saurer Sahne ganz heiß servieren.

Dieses »Chili sin Carne« schmeckt mir am besten, wenn es nach dem Garen über Nacht ziehen kann und am nächsten Tag wieder aufgewärmt wird.

Toskanische Bohnensuppe

250 g getrocknete weiße Bohnen

2 mittelgroße Zwiebeln

2 Knoblauchzehen

1 Lauchstange (davon den weißen und hellgrünen Teil)

3 große Tomaten

2 Möhren

125 g Staudensellerie

5–6 EL Olivenöl

1 1/2 l Fleisch- oder Gemüsebrühe

nach Belieben: 1 Rosmarinzweig

Salz, Pfeffer aus der Mühle

1 Bund Basilikum

frisch geriebener Parmesan

Die Bohnen in reichlich Wasser über Nacht einweichen.

Am nächsten Tag die Zwiebeln und die Knoblauchzehen pellen, fein würfeln. Den Lauch putzen, waschen und in dünne Scheiben schneiden. Die Tomaten kurz mit kochendem Wasser überbrühen, häuten und das Fruchtfleisch würfeln. Die Möhren und den Staudensellerie waschen, putzen und in Würfel schneiden.

Im Suppentopf das Olivenöl erhitzen. Unter Rühren erst die Zwiebeln, dann den Knoblauch und das übrige zerkleinerte Gemüse darin andünsten.

Die eingeweichten Bohnen in ein Sieb abgießen und in den Topf geben. Die Brühe angießen, den Deckel auflegen und bei kleiner Hitze etwa 1 Stunde leise köcheln lassen, bis die Bohnen weich sind (je nach Alter und Größe kann das auch länger dauern). Nach Geschmack kann man einen Rosmarinzweig 15 bis 30 Minuten mitköcheln lassen. Die Suppe mit Salz und Pfeffer abschmecken, nach Belieben noch etwas Olivenöl unterrühren.

Das Basilikum waschen und grob hacken, Basilikum und den Parmesan über die Suppe streuen und servieren.

Mangoldsuppe

600 g Mangold

3 Schalotten

1 Knoblauchzehe

2 reife Birnen

2 EL Pflanzenöl

700 ml klare Gemüsebrühe

100 g Blauschimmelkäse (am besten Gorgonzola)

Salz, Pfeffer aus der Mühle

Den Mangold waschen, putzen und die Blätter und die Stiele in breite Streifen schneiden. Die Schalotten und den Knoblauch pellen, fein würfeln. Die Birnen schälen und vierteln, die Kerngehäuse entfernen.

Im Suppentopf das Pflanzenöl erhitzen. Zuerst die Schalotten, dann den Knoblauch anschmoren. Den Mangold zugeben und dünsten, bis die Stiele glasig werden. Mit der Gemüsebrühe aufgießen, die Birnen und den Käse zugeben und kurz kochen lassen (der Käse kann auch ganz zum Schluß zugegeben werden).

Die Suppe im Mixer (oder mit dem Pürierstab direkt im Topf) glattmixen, wieder erhitzen und mit Salz und Pfeffer abschmecken. Gleich servieren, damit sie ihre schöne Farbe behält.

Statt mit Mangold können Sie die Suppe auch mit Spinat zubereiten – dann genügen etwa 500 g. Frischen Mangold gibt es vom Frühsommer bis in den Herbst. Zwei Sorten sind verbreitet, eine breitstengelige – meist aus Italien – und eine mit dünneren Rippen. Beide sind gleich gut zu verwenden. Nur frisch muß Mangold sein, feste weiße Rippen und dunkelgrüne, knackige Blätter haben.

Brunnenkressesuppe

2 Bund Brunnenkresse

5 Lauchzwiebeln (Frühlingszwiebeln)

2 mittelgroße Kartoffeln

50 g Butter

1 l Hühnerbrühe (oder Gemüsebrühe)

1 Becher Crème fraîche

Salz, Pfeffer aus der Mühle

Muskatnuß

Die Brunnenkresse verlesen und in lauwarmem Wasser gründlich waschen, harte, gröbere Stiele entfernen. Etwa 1/4 der Blätter zum Garnieren beiseite legen.

Die Lauchzwiebeln putzen und den hellen Teil sowie 3 bis 4 cm vom grünen Lauch in dünne Scheiben schneiden. Die Kartoffeln waschen, schälen und in 1 cm große Würfel schneiden.

Im Suppentopf die Butter zerlassen und die Lauchzwiebeln bei mittlerer Hitze etwas anschwitzen. Die Kresse dazugeben und in 4 bis 5 Minuten zusammenfallen lassen. Die Brühe angießen und die Kartoffelwürfel einrühren. Etwa 10 Minuten köcheln lassen, bis die Kartoffeln weich sind.

Die Crème fraîche einrühren und aufkochen lassen. Mit Salz, Pfeffer und Muskat abschmecken, dann die Suppe mit dem Pürierstab schaumig aufmixen.

Mit den übrigen Kresseblättern garnieren und servieren.

Dazu passen gut Knoblauch-Croûtons: 2 Scheiben Graubrot entrinden und in 1 cm große Würfel schneiden. Gut 2 EL Butter in einem Pfännchen mit einer ungeschälten, zerquetschten Knoblauchzehe erhitzen, bis der Knoblauch duftet. Dann die Zehe herausheben und die Brotwürfel in der Butter unter Rühren rundum bräunen. Zischend heiß über die Suppe streuen.

Kalte Tomatensuppe

1 kg reife Tomaten

2 Knoblauchzehen

1/4 l Hühner- oder Gemüsebrühe

10 EL Olivenöl

2 EL Weißweinessig

Salz, Pfeffer aus der Mühle

Sauerrahm

Basilikumblätter

Die Tomaten überbrühen und häuten, dann vierteln und den grünen Strunk entfernen, in den Mixer geben. Die Knoblauchzehen pellen und dazupressen. Die Brühe, Olivenöl und Essig zugeben und bei hoher Drehzahl glattpürieren. Mit Salz und Pfeffer abschmecken, dann kalt stellen.

Zum Servieren in Teller füllen und jeweils einen Klacks Sauerrahm in die Mitte geben. Mit grob gehacktem Basilikum bestreuen.

Fenchelsuppe mit Lachsstücken

750 g Fenchelknollen

2–3 Schalotten

1 kleine Knoblauchzehe

50 g Butter

1 l Hühner-, Fleisch- oder Gemüsebrühe

1/2 Becher Crème fraîche

Salz, Pfeffer aus der Mühle

200 g Lachsfilet

nach Belieben etwas Pernod (Pastis)

Die Fenchelknollen waschen, Stengel und Wurzelansätze abschneiden, das zarte Grün beiseite legen. Die Knollen achteln und den harten Strunk ausschneiden.

Die Schalotten und die Knoblauchzehe pellen und fein hacken. Im Suppentopf die Butter erhitzen, die Schalottenwürfel und den Fenchel unter Rühren andünsten, dann den Knoblauch zugeben. Mit 1/4 l Brühe ablöschen, den Deckel auflegen und den Fenchel in etwa 20 Minuten weich kochen. Den Topfinhalt in den Mixer geben und pürieren, das Püree wieder in den Topf geben und die übrige Brühe aufgießen. Die Crème fraîche einrühren und die Suppe ohne Deckel 4 bis 5 Minuten kochen. Mit Salz und Pfeffer abschmecken.

Das Lachsfilet in etwa 2 cm große Würfel schneiden und in die Suppe rühren, ganz kurz garen. Das Fenchelgrün fein schneiden.

Die Suppe nach Geschmack mit einigen Tropfen Pernod würzen und mit Fenchelgrün bestreut servieren.

Graupeneintopf

125 g geräucherter Speck (2 dickere Scheiben)

2 mittelgroße Zwiebeln

3 Möhren

3 Kartoffeln

1 Stange Lauch

1–2 Petersilienwurzeln

1 Navet (Rübchen) oder kleiner Kohlrabi

1 kleiner Wirsing (ca. 500 g ungeputzt gewogen)

3 EL Pflanzenöl

125 g Perlgraupen

1 1/2 l Fleischbrühe (eventuell aus Brühepulver bereitet)

5 Pimentkörner

2 Lorbeerblätter

2 geräucherte Mettwürste

1 Bund Petersilie

ca. 10 cm frische Meerrettichwurzel

Salz, Pfeffer aus der Mühle

Den Speck (ohne Schwarte) in kleine Würfel schneiden. Das Gemüse waschen, putzen, schälen und so weiter, in 1 cm große Würfel oder in Scheiben schneiden.

Im Suppentopf das Öl erhitzen. Die Speckwürfel darin anbraten. Die Wurzelgemüse und die Graupen dazugeben, unter Rühren kurz anschwitzen. Die übrigen Gemüse und die Kartoffeln dazugeben, die Brühe angießen.

Die Pimentkörner und die Lorbeerblätter unter den Eintopf mischen, die Mettwürste obenauf legen. Das Ganze zugedeckt 40 bis 50 Minuten köcheln lassen.

Petersilie waschen, die Blättchen hacken. Den Meerrettich schälen und fein reiben.

Nach der Garzeit die Würste in Scheiben schneiden. Den Eintopf mit Salz und Pfeffer abschmecken, mit dem geriebenen Meerrettich bestreuen, die Wurstscheiben darauf legen und mit gehackter Petersilie garniert servieren.

Ricotta-Soufflé

2 Handvoll frisches Basilikum

1 Handvoll frische Minze

1 Handvoll glatte Petersilie

12 schwarze Oliven

Butter für die Form

60 g frisch geriebener Parmesan

3 Eier

1 Msp Backpulver

500 g frischer Ricotta-Käse

125 g Crème double

Meersalz

schwarzer Pfeffer aus der Mühle

Die Kräuter vorsichtig waschen und trocknen. Die Oliven entsteinen und hacken. Eine runde Quiche- oder Auflaufform (von etwa 21 cm Durchmesser) mit etwas Butter gleichmäßig ausstreichen. Mit ein wenig von dem geriebenen Parmesan ausstreuen, den überschüssigen Käse wieder aus der Form zu dem übrigen schütteln.

Die Eier trennen. Die Eiweiße mit dem Backpulver zu steifem Schnee schlagen.

Den Backofen auf 230 °C vorheizen. Die Kräuter mit dem Ricotta, den Eigelben und der Crème double in den Mixer füllen und zu einer hellgrünen Masse pürieren. Zum Schluß den Parmesan unterziehen, den Eischnee unterheben und die Soufflémasse mit Salz und Pfeffer abschmecken. In die gefettete Form füllen und die Oliven darüber verteilen.

Im heißen Ofen auf der mittleren Schiene etwa 25 Minuten backen, bis das Soufflé aufgegangen ist und eine braune Kruste hat, innen aber noch weich ist.

> *Ricotta ist ein frischer, feuchter, ungesalzener Molkeneiweißkäse (eine Art Quark mit 45 % Fett), der aus Kuhmilchmolke, aber auch aus Ziegen- oder Schafmilchmolke hergestellt wird. Notfalls läßt er sich durch gut abgetropften Quark ersetzen.*

Moussaka »light«

3 mittelgroße Auberginen

4 mittelgroße Eier

Salz, Pfeffer aus der Mühle

1 große Dose geschälte Tomaten

1 Zwiebel

2 Knoblauchzehen

1–2 Bund Petersilie

Olivenöl zum Braten und für die Form

1 kg Rinderhackfleisch

60 g Semmelbrösel

70 g frisch geriebener Kefalotiri (griechischer Hartkäse) oder Parmesan

40–50 g Butter zum Belegen

Die Auberginen waschen, die Haut etwa zur Hälfte streifenartig abschälen. Die Auberginen in 5 mm dicke Scheiben schneiden. Unter fließendem Wasser abspülen und mit Küchenkrepp trockentupfen.

Die Eier in einem Krug mit Salz und Pfeffer verkleppern. Falls frische Tomaten verwendet werden, kurz mit kochendem Wasser überbrühen, häuten und grob zerteilen. Dosentomaten in einem Sieb abtropfen lassen, grob zerschneiden.

Zwiebel und die Knoblauchzehen pellen, die Zwiebel fein hacken, die Knoblauchzehen halbieren. Die Petersilie waschen und fein hacken.

In einer Pfanne etwas Öl erhitzen und die Zwiebelwürfel glasig dünsten. Dann das Hackfleisch dazugeben und unter Rühren braten, bis es krümelig und nicht mehr rot ist. Die Tomatenstücke, Knoblauch, gehackte Petersilie zugeben und etwa 15 Minuten offen köcheln lassen, bis die Sauce sehr dick eingekocht ist (das dauert bei frischen Tomaten etwas länger). Die Sauce mit Salz und Pfeffer würzen.

Den Backofen auf 175 °C vorheizen. Eine möglichst rechteckige Auflaufform (etwa 22 x 30 cm groß) mit Öl ausstreichen, den Boden mit Auberginenscheiben auslegen, salzen und pfeffern. Die Hälfte der Hackfleischsauce darauf verteilen, mit Auberginenscheiben abdecken, würzen und wieder Hackfleischsauce einfüllen.

Auf die oberste Schicht die Hälfte der Semmelbrösel und die halbe Käsemenge streuen, die Eier darüber gießen, mit den restlichen Bröseln und dem Käse bestreuen. Mit den Butterflöckchen belegen.

Die Form in den Ofen schieben und die Moussaka in etwa 1 Stunde schön braun backen. Falls die Oberfläche vorzeitig zu dunkel werden droht, die Form locker mit Alufolie abdecken.

In der Form in Stücke teilen und servieren.

Pasta und Risotto

Ich habe im ersten Buch »Meine Rezepte« sehr ausführlich die Zubereitung von Risotto beschrieben. Mit dem dort angegebenen Grundrezept als Basis kann man sich viele Risottos zusammenstellen. Aber egal, in welche Geschmacksrichtungen man variiert: Entscheidend ist der Geschmack der Basis. Und dieser Geschmack kommt in erster Linie von der verwendeten Brühe. Ich gebe zu, daß ich das lange unterschätzt habe. In meinem ersten Kochbuch lasse ich fertige Instant-Brühe oder Fond aus dem Glas zu. Das muß ich widerrufen, so wie manche Autofirmen bestimmte Produkte zurückrufen, weil sie fehlerhaft sind.

Ich bin heute davon überzeugt, daß man bei Risotto im Gegensatz zu vielen anderen Gerichten unbedingt eine selbstgemachte Brühe (Fond) verwenden muß. Woher sonst soll der gute Geschmack kommen, wenn nicht von der Brühe? Reis selber hat kaum Geschmack. Die paar Zwiebelstücke, das bißchen Wein und die Butter sind wichtig, aber reichen nicht aus. Und dem armen Parmesan die alleinige Verantwortung für den Geschmack aufzubürden ist unfair.

Die Unterscheidung zwischen »irgendeinem« Risotto und einem »Risotto, das ein Ereignis ist, großartig und unvergleichlich« bezog ich im ersten Kochbuch auf die richtige Zubereitung.

Heute weiß ich, daß die beste Zubereitung nichts hilft, wenn die Brühe nicht auch ein Ereignis ist, das man großartig und unvergleichlich nennen kann.

Das Rezept für so eine Hühnerbrühe steht auf Seite 60 dieses Buches.

Das »Sizilianische Risotto«, das ganz ohne Brühe auskommt, ist die berühmte Ausnahme, die die Regel bestätigt.

Pasta mit Muscheln, Garnelen und Avocadosauce

2–3 Knoblauchzehen

1 reife Avocado

3 EL Zitronensaft

1 TL körniger oder Dijon-Senf

150 g Sahne oder Crème fraîche

Meersalz, schwarzer Pfeffer aus der Mühle

200 g vorgekochte Krabben oder Garnelen

200 g vorgekochte Muscheln

400 g Pasta (Tagliatelle oder Spaghetti)

Die Knoblauchzehen pellen und kleinschneiden.

Die Avocado schälen und vierteln. An einem Viertel den Kern der Avocado lassen und das Fruchtfleisch mit etwas Zitronensaft beträufeln (Avocadokern und Zitronensaft verhindern, daß sich das Avocadofleisch braun färbt).

Den übrigen Zitronensaft mit dem Senf verrühren.

Drei Viertel der Avocado kleinschneiden, den gehackten Knoblauch dazugeben und mit einer Gabel zerdrücken. Die Zitronen-Senf-Mischung zum Avocadomus rühren, die Sahne oder die Crème fraîche untermischen und mit Salz und Pfeffer abschmecken.

Die Krabben und die Muscheln in die Sauce geben. Den Topf mit der Sauce auf ein leise köchelndes Wasserbad setzen und langsam erhitzen.

Inzwischen die Pasta in reichlich Salzwasser »al dente« kochen. Wenn die Pasta gar ist, in ein Sieb abgießen, abtropfen lassen und mit der Sauce vermischen. Auf vorgewärmte Teller verteilen.

Das letzte Viertel der Avocado in Scheiben schneiden und die Pasta damit garnieren. Gleich servieren.

Frisch geriebenen Parmesan-Käse oder Tabascosauce dazu reichen.

Spaghetti Vongole

1 kg Vongole (Herzmuscheln)

8 EL Olivenöl extra nativ

2 Knoblauchzehen

Salz, Pfeffer aus der Mühle

400 g Spaghetti

4 EL gehackte glatte Petersilie

Die Muscheln unter fließendem Wasser sehr gründlich schrubben, bereits geöffnete Muscheln aussortieren.

In einer großen Pfanne (mit Deckel) 2 EL Öl erhitzen, die Muscheln zugedeckt unter Rütteln 2 bis 3 Minuten dünsten, bis alle geöffnet sind. Muscheln herausheben und den Kochsud durch einen Kaffeefilter gießen.

Spaghetti in Salzwasser »al dente« garen. Die Muscheln auslösen. Den Knoblauch fein würfeln. Das übrige Öl in der Pfanne erhitzen, den Knoblauch glasig dünsten, Muschelsud aufgießen, etwas einkochen, salzen und pfeffern. Die Muscheln und die Nudeln unterheben, mit Petersilie bestreut servieren.

VORSICHT
VONGOLE
56
papan

Penne »Carbonara« – auch vegetarisch

500 g grüner Spargel (oder 125 g Speckwürfel – siehe Tip)

1 Bund Basilikum

Salz

3 Eigelbe

100 g Sahne

100 g frisch geriebener Parmesan (eventuell mehr)

Pfeffer aus der Mühle

400 g Penne (kurze Röhrennudeln)

1–2 EL Olivenöl

Den Spargel waschen und die harten Enden abschneiden. Die Stangen schräg in etwa 3 cm breite Stücke schneiden, dabei die Köpfe beiseite legen. Das Basilikum waschen, trocknen und die Blätter in Streifen schneiden.

Salzwasser aufsetzen und die Spargelstücke 2 bis 3 Minuten (je nach Dicke) blanchieren, die Köpfe erst zuletzt ganz kurz mitgaren. Den Spargel abgießen und mit kaltem Wasser abschrecken.

In einem Schüsselchen die Eigelbe mit der Sahne und Parmesan verquirlen, mit Salz und Pfeffer würzen.

Die Nudeln in reichlich Salzwasser »al dente« kochen. In einer Pfanne das Olivenöl erhitzen, die Spargelstücke kurz darin anbraten, dann das Basilikum zugeben.

Eine große Schüssel mit kochendheißem Wasser füllen. Wenn die Penne bißfest gekocht sind, das Wasser aus der Schüssel gießen und die kurz abgetropften Penne darin heiß mit dem Basilikum-Spargel vermischen und schnell die Eiersahne unterheben – die Hitze von den Nudeln und der Schüssel genügt, damit sie stockt. Sofort servieren und nach Belieben noch weiteren Käse darüber streuen.

Für die nicht-vegetarische Version die Speckwürfel in Oliven- oder Sonnenblumenöl knusprig braten und mit Nudeln und Eiersahne vermischen.

Pasta mit Tomaten und Steinpilzen

20 g getrocknete Steinpilze

1–3 Knoblauchzehen

3 Zweige frischer Thymian

1/2 Bund glatte Petersilie

1 getrockneter Peperoncino (Chilischote)

4 EL Olivenöl zum Braten

1/4 l Gemüsebrühe

2 EL Zitronensaft

1 große Dose geschälte Tomaten

Salz

400 g Conchiglie (muschelförmige Nudeln) oder andere Pasta

1/2 Becher Sahne

etwa 100 g Parmesan am Stück

Pfeffer aus der Mühle

extrafeines Olivenöl zum Beträufeln

Die Steinpilze in lauwarmem Wasser einweichen. Den Knoblauch pellen und fein hacken. Die Kräuter waschen, die Thymianblättchen abzupfen, die Petersilie fein hacken. Den Peperoncino zerkleinern. Die Steinpilze kurz abspülen, um Sandreste zu entfernen.

In einer Pfanne das Olivenöl zum Braten erhitzen. Den Knoblauch, Thymian, Petersilie und die Chilischote darin andünsten. Die Steinpilze zugeben und unter Rühren 2 bis 3 Minuten anschmoren. Die Brühe aufgießen und 5 Minuten offen kochen. Den Zitronensaft und die grob zerteilten Tomaten zugeben und die Sauce etwa 20 Minuten leise köcheln lassen, bis sie dickflüssig wird.

Reichlich Salzwasser für die Nudeln aufsetzen, die Pasta nach Packungsangabe »al dente« garen. Den Parmesan in feine Späne hobeln.

Die Sahne zur Tomatensauce gießen, bei starker Hitze schnell etwas einkochen, mit Salz und Pfeffer würzen und vom Herd nehmen.

Die bißfest gekochten Nudeln abgießen und mit der Sauce vermischen. Auf Teller verteilen, mit den Parmesanspänen bestreuen und ein wenig sehr feines Olivenöl darüber träufeln.

Tagliatelle mit Chicorée und Radicchio

100 g geräucherter Speck (in 1 mm dünnen Scheiben)

2 kleine rote Zwiebeln

1–2 Knoblauchzehen

300 g Chicorée

300 g Radicchio di Treviso (das ist die längliche Sorte)

2 EL Olivenöl

50 g Butter

1 TL frische Thymianblättchen

1 getrockneter Peperoncino (Chilischote)

75 ml Weißwein

100 ml Hühnerbrühe

400 g Tagliatelle (Eier-Bandnudeln)

Salz, Pfeffer aus der Mühle

etwa 100 g Parmesan am Stück

Die Speckscheiben in streichholzgroße Stifte schneiden. Die Zwiebeln pellen und in Scheiben schneiden, den Knoblauch fein würfeln.

Den Chicorée und den Radicchio längs halbieren, jeweils den bitteren Strunk herausschneiden, die Hälften in feine Streifen schneiden.

In einer Pfanne 1 EL Öl und die Butter erhitzen, den Speck auslassen. Die Thymianblättchen und die Zwiebeln zugeben, leicht anbräunen. Den Knoblauch und noch 1 EL Öl zugeben, den Peperoncino darüber bröseln, umrühren. Den Radicchio und den Chicorée unter Rühren 2 bis 3 Minuten darin dünsten. Den Wein und die Brühe angießen und aufkochen lassen, dann 20 Minuten bei kleiner Hitze offen simmern lassen, so daß die Flüssigkeit etwas einkocht.

Inzwischen die Nudeln in reichlich Salzwasser »al dente« kochen. Den Parmesan reiben und die Hälfte unter die Sauce mischen, mit Salz und Pfeffer abschmecken.

Die Nudeln abgießen und gut abtropfen lassen, mit der Sauce vermischen, nochmals abschmecken und mit dem übrigen Parmesan bestreut heiß servieren.

Pasta mit Mandelpesto

1 Msp Safranfäden

9 EL Rosenwasser

1 Bund Petersilie

1 kleine Knoblauchzehe

50 g Haselnußkerne

50 g geschälte Mandeln

12 EL Olivenöl

1 Msp Zimtpulver

Salz, weißer Pfeffer aus der Mühle

400 g Pasta (schmale Bandnudeln, Spaghetti oder Spaghettini)

Die Safranfäden in das Rosenwasser rühren und 1 Stunde ziehen lassen.

Die Petersilie waschen und die Blätter grob hacken. Den Knoblauch pellen und in Stücke schneiden.

Die Nüsse und die Mandeln in einer trockenen Pfanne leicht anrösten, dann abkühlen lassen und im Mixer mit 3 bis 4 EL Olivenöl zerkleinern. Petersilie und Knoblauch zugeben und zerkleinern, dann nach und nach das restliche Öl und zuletzt das Safran-Rosenwasser zufließen lassen und zu einer samtigen Sauce mixen.
Mit Salz und reichlich Pfeffer abschmecken.

Nudeln »al dente« kochen und sehr heiß mit dem Mandelpesto übergießen.

Spaghetti mit Spinat und Oliven

75 g Spinatblätter ohne grobe Stiele

100–160 g große grüne Oliven mit Stein

1 mittelgroße Schalotte

1 unbehandelte Orange

6 EL Olivenöl

Salz, schwarzer Pfeffer aus der Mühle

400 g Spaghetti

nach Geschmack: etwa 100 g Pecorino-Käse am Stück

Die Spinatblätter verlesen und mehrmals gründlich waschen. Kurz mit kochendem Wasser überbrühen, kalt abschrecken und abtropfen lassen. Die Oliven entsteinen und dabei grob zerkleinern.

Die Schalotte pellen und vierteln. Die Orange mit heißem Wasser abwaschen und etwa 1 TL Schale mit einem Zestenreißer abziehen.

Die Oliven- und Schalottenstücke mit der Orangenschale und dem Spinat im Mixer zu einem groben Püree zerkleinern, dann langsam bei laufendem Mixer das Öl dazugießen. Mit Salz und Pfeffer abschmecken.

Die Spaghetti in reichlich kochendem Salzwasser »al dente« garen, abgießen und kurz abtropfen lassen, dann mit der Olivensauce vermischen. Nach Belieben mit gehobeltem Pecorino bestreut servieren.

Bandnudeln mit Lachs

250 g Lachsfilet

2 Schalotten

1 Knoblauchzehe

Salz

400 g Bandnudeln

3 EL Olivenöl

1 Becher Sahne

Pfeffer aus der Mühle

1–2 EL fein gehackte Petersilie

Das Lachsfilet mit Küchenkrepp trocknen und in 2 cm große Würfel schneiden.

Schalotten und den Knoblauch pellen. Die Schalotten fein würfeln, die Knoblauchzehe nur längs halbieren.

Reichlich Salzwasser für die Nudeln aufsetzen.

In einer Pfanne das Olivenöl erhitzen, die Schalottenwürfel und die Knoblauchstücke glasig dünsten. Die Lachswürfel dazugeben und unter Rühren kurz anbraten.

Die Sahne dazugießen und schnell bei starker Hitze etwas einkochen lassen.

Inzwischen die Bandnudeln nach Packungsangabe und Bißprobe »al dente« kochen.

Die Knoblauchstücke aus der Sahnesauce fischen (und wegwerfen). Die Sauce mit Salz und Pfeffer würzen.

Die gekochten Nudeln abgießen, kurz abtropfen lassen und mit der Sauce vermischen. Mit gehackter Petersilie bestreut servieren.

Spaghetti mit Hummerkrabben

4–8 rohe Riesengarnelen (Hummerkrabben)

2 große reife Tomaten

2 Schalotten

2 Knoblauchzehen

Salz

400 g Spaghetti

100 g Butter

Pfeffer aus der Mühle

50 g Hummer- oder Krebsbutter (gibt es fertig beim Fischhändler)

Basilikumblätter und frisch geriebener Parmesan nach Geschmack

Die Tomaten in kochendem Wasser kurz überbrühen, herausheben.

Die Riesengarnelen aus der Schale lösen, jeweils die Rückenseite einschneiden und den dunkleren Darm entfernen. Das Garnelenfleisch kurz kalt abspülen, trocknen und in Stücke schneiden.

Die Tomaten häuten und entkernen, das Fruchtfleisch klein würfeln.

Die Schalotten und Knoblauchzehen pellen, die Schalotten fein würfeln.

Reichlich Salzwasser für die Pasta aufsetzen.

In einer Kasserolle die Butter zerlassen und die Schalotten darin glasig dünsten.

Die Tomaten zugeben, den Knoblauch durch die Presse dazudrücken, mit Salz und Pfeffer würzen. Nach fünf Minuten die Garnelenstücke dazugeben und in der Sauce garen. Aber Vorsicht – nicht zu lange garen, sonst werden sie hart!

Inzwischen die Spaghetti bißfest kochen, gut abtropfen lassen. Die Hummerbutter in einer großen Pfanne zerlassen und die Spaghetti darin warm schwenken.

Die Spaghetti auf Tellern anrichten, die Sauce darüber geben und mit in Streifen geschnittenen Basilikumblättchen und Parmesan bestreut servieren.

Pasta mit Mangold

1 kg Mangold

2–3 Knoblauchzehen

Salz

200 ml bestes Olivenöl extra nativ

Pfeffer aus der Mühle

400 g Pasta (zum Beispiel Fusilli – »Korkenziehernudeln«)

3–4 EL frisch geriebener Parmesan

Den Mangold waschen, putzen und die Blätter von den Stielen trennen. Die Knoblauchzehen pellen.

Reichlich Wasser zum Blanchieren aufsetzen, leicht salzen. Die Mangoldblätter und 1 bis 2 Knoblauchzehen im kochenden Wasser aufwallen lassen, dann in ein Sieb gießen und gut abtropfen lassen oder in einer Salatschleuder trocknen.

Die abgetropften Mangoldblätter mit dem blanchierten Knoblauch in der Küchenmaschine oder im Mixer zu einem ziemlich groben Püree hacken, dabei in den letzten

Sekunden ein Drittel des Olivenöls mitmixen.

Die rohe Knoblauchzehe mit etwas Salz zerdrücken und zusammen mit einem weiteren Drittel des Öls unter das Püree rühren. Mit Salz und Pfeffer abschmecken.

Die Pasta in reichlich Salzwasser »al dente« kochen, in ein Sieb gießen und gut abtropfen lassen.

Heiß mit dem grünen Püree vermischen, dann das übrige Olivenöl untermischen und mit dem Parmesan bestreuen. Gleich servieren.

Die Mangoldstiele nicht wegwerfen, sondern in breite Stücke schneiden und 7 bis 8 Minuten blanchieren. Schmecken als Salat mit Essig und gutem Olivenöl oder als Gemüse (geschwenkt in eingekochter Sahne, mit Salz, Pfeffer und Muskat gewürzt).

Spaghettini mit Wein-Paprika-Sauce

3 große rote Paprikaschoten

1/2 l Chardonnay (Weißwein)

Salz

400 g Spaghettini

1/2 Becher Sahne

20 frische Basilikumblätter

Pfeffer aus der Mühle

frisch geriebener Parmesan

Den Backofen auf 250 °C (oder, wenn vorhanden, den Elektro-Grill auf höchster Stufe) vorheizen.

Die Paprikaschoten halbieren und putzen. Mit der Schnittfläche nach unten auf ein Backblech legen und im Ofen oder unter dem Grill so lange rösten, bis die Haut ganz dunkel verbrannt ist und kräftig Blasen wirft.

Die Schoten herausnehmen, mit einem feuchten Tuch bedeckt etwa 10 Minuten ruhenlassen. Dann mit einem spitzen Messer soviel Haut wie möglich abziehen.

Inzwischen den Wein in einem Topf ohne Deckel bei starker Hitze auf die Hälfte der Menge einkochen lassen.

Reichlich Salzwasser für die Pasta aufsetzen.

Die gehäuteten Paprikaschoten in Stücke schneiden und im Mixer fein pürieren, dann zu dem Wein rühren. Die Sahne zugießen und kurz aufkochen lassen.

Die Spaghettini im sprudelnd kochenden Wasser »al dente« kochen (Achtung: Garzeit ist kürzer als bei Spaghetti).

Die Basilikumblättchen in Streifen schneiden. Die Sauce mit Salz und Pfeffer würzen.

Die Spaghettini abgießen, kurz abtropfen lassen und auf Tellern anrichten. Die Sauce darüber verteilen und mit den Basilikumstreifen bestreuen. Frisch geriebenen Parmesan darüber geben und gleich servieren.

MAKKARONI
(KALABRIEN)
AL DENTE
FÜTTERN
VERBOTEN
GNOCC
SPAGHETTI
TORTELLINI
papan

Penne auf kalabrische Art

750 g reife Tomaten

2 rote Zwiebeln

2–3 Knoblauchzehen

150 g gekochter Schinken

Salz

3 EL Schweine- oder Butterschmalz

schwarzer Pfeffer aus der Mühle

1–2 Peperoncini (Chilischoten)

je 3 Zweige frischer Thymian und Basilikum

400 g Penne

75 g frisch geriebener Parmesan

Die Tomaten kurz mit kochendem Wasser überbrühen, häuten und entkernen. Die Tomaten in grobe Stücke schneiden.

Die Zwiebeln und Knoblauchzehen pellen, die Zwiebeln in feine Streifen schneiden, den Knoblauch hacken. Den gekochten Schinken (ohne Schwarte) in feine Streifen schneiden.

Im großen Nudeltopf reichlich Salzwasser aufsetzen.

In einer großen, hohen Pfanne das Schmalz zerlassen und die Zwiebeln und den Knoblauch leicht anbraten. Die Tomatenstücke zugeben, mit Salz, Pfeffer und zerbröselten Peperoncini würzen.

Die Kräuter waschen, Blättchen abzupfen und hacken, unter die Tomatensauce rühren und offen 20 Minuten leise köcheln lassen, bis die Sauce dick ist.

Die Penne im Salzwasser »al dente« kochen. Dann in ein Sieb abgießen und abtropfen lassen.

Die Nudeln in die Pfanne geben und mit der Sauce, den Schinkenstreifen und der Hälfte vom Parmesan vermischen. Auf Teller verteilen und mit dem restlichen Käse bestreut servieren.

Natürlich kann man auch geschälte Tomaten aus der Dose nehmen, aber am besten schmeckt diese einfache Sauce mit frischen, reifen Flaschentomaten.

Spaghetti mit falschen Trüffeln

150 g Champignons oder braune Egerlinge

Salz

400 g Spaghetti

40 g Butter

grob gemahlener schwarzer Pfeffer (aus der Mühle)

frisch geriebener Parmesan

Die Pilze nicht waschen, sondern trocken mit einer Bürste säubern, die Stielenden abschneiden.

Reichlich Salzwasser für die Nudeln aufsetzen. Die Butter in einer Kasserolle erhitzen. Die Pilze mit einem Gurken- oder Trüffelhobel in feine Scheiben hobeln. Ganz kurz in der Butter schwenken – sie sollen nur heiß und halbgar werden.

Inzwischen die Spaghetti »al dente« kochen, abgießen und mit den Pilzen vermischen. Mit Salz und grobem Pfeffer würzen und mit Parmesan bestreut servieren.

Grüne Gnocchi

300 g Tiefkühl-Blattspinat

frische Salbeiblätter

etwa 50 g Butter

200 g Ricotta (italienischer Frischkäse, er darf aber nicht trocken und krümelig sein)

3 Eigelbe

Salz, Pfeffer aus der Mühle

Muskatnuß

150 g Parmesankäse am Stück

75–100 g Mehl

Den Spinat auftauen lassen, hacken und in einem Tuch gut ausdrücken. Die Salbeiblätter trocken abreiben.

In einem Topf ein wenig von der Butter zerlassen, den Spinat darin andünsten, dann abkühlen lassen.

Den Ricotta in eine Schüssel geben und mit den Eigelben verrühren, salzen und pfeffern. Etwas Muskatnuß und den Parmesankäse dazureiben, dann das Mehl und zuletzt den Spinat untermischen. Die Masse muß recht fest sein, sonst zerfallen die Gnocchi beim Garen. Eventuell noch eßlöffelweise mehr Mehl zugeben.

Aus der Masse mit zwei Teelöffeln etwa 2 cm große Gnocchi (ovale Klößchen) formen und auf ein bemehltes Brett legen.

Reichlich Salzwasser zum Kochen bringen. Die Gnocchi portionsweise einlegen und garen, bis sie an die Oberfläche steigen. Mit einem Schaumlöffel herausheben und abtropfen lassen.

Die übrige Butter mit den Salbeiblättern aufschäumen lassen. Die Gnocchi auf Teller verteilen und mit der heißen Salbeibutter übergießen.

Ricotta ist ein quarkähnlicher Frischkäse, besser gesagt ein Molkenkäse aus Kuhmilch, aber es gibt bei uns auch schon Sorten aus Schafsmilch wie den Ricotta Piemontese, die pikanter schmecken.

Sizilianisches Risotto

1 mittelgroße Zwiebel

2–3 Knoblauchzehen

125 g schwarze Oliven

1–2 EL Kapern

6 reife Tomaten (einfacher: 1 große Dose geschälte Tomaten)

1 unbehandelte Zitrone

Salz

6 EL Olivenöl

400 g Risotto-Reis

1 1/2 Gläser Weißwein

1/4 TL getrockneter Oregano

1–2 Peperoncini (getrocknete Chilischoten)

Pfeffer aus der Mühle

Die Zwiebel und die Knoblauchzehen pellen und in feine Würfel schneiden.

Das Olivenfleisch vom Kern schneiden und mit den Kapern grob hacken.

Frische Tomaten werden kurz überbrüht, gehäutet und entkernt, Tomaten aus der Dose nur abtropfen lassen. In Stücke schneiden.

Zitrone heiß waschen, trocknen und mit einem Zestenreißer die Schale rundum hauchdünn abziehen.

In einem Topf etwa 1 1/2 l Salzwasser erhitzen und leise köcheln lassen.

In einem schweren Topf die Hälfte vom Olivenöl erhitzen, die Zwiebel- und Knoblauchwürfel bei mäßiger Hitze weich dünsten.

Den Risotto-Reis einstreuen und unter Rühren so lange leicht anrösten, bis die Körner glasig aussehen.

Den Weißwein angießen und den Reis unter Rühren quellen lassen, bis der Wein aufgesogen ist.

Dann mit einer Schöpfkelle jeweils etwas heißes Wasser zum Reis geben, unter Rühren aufnehmen lassen, erst dann wieder Wasser zugeben und dabei ständig rühren. Nach etwa 20 Minuten sollte das Risotto cremig, aber noch mit Biß sein.

Jetzt die Oliven, Kapern, Tomatenstücke, die Zitronenzesten, den Oregano und die zerbröselten Peperoncini untermischen und noch – weiterrührend – 8 bis 10 Minuten garen. Zum Schluß das restliche Olivenöl unterrühren und das Risotto mit Salz und Pfeffer abschmecken.

Rotwein-Risotto

1–1,5 l Hühnerbrühe (siehe Seite 60)

1–2 mittelgroße Zwiebeln (am besten rote)

70 g Butter

300 g Risotto-Reis

400 ml Rotwein (zum Beispiel ein italienischer Amarone di Valpolicella)

120 g frisch geriebener Parmesan

Salz, grob gemahlener schwarzer Pfeffer

Die Hühnerbrühe in einem Topf erhitzen.

Die Zwiebeln pellen und fein würfeln. In einem schweren Topf 20 g Butter zerlassen und die Zwiebeln bei kleiner Hitze in 15 bis 20 Minuten hellbraun schmoren.

Den Risotto-Reis einstreuen und 1 Minute rühren, bis die Körner von der Butter überzogen sind. Die Hitze erhöhen und knapp 1/3 des Weines angießen. So lange unter Rühren kochen, bis der Wein fast zu Sirup eingekocht ist. Nun nach und nach von der heißen Hühnerbrühe angießen, dabei ständig rühren und immer nur soviel Brühe zugeben, wie der Reis aufnehmen kann.

Wenn der Reis fast gar ist und alle Brühe aufgenommen hat, nach und nach den restlichen Wein angießen – dabei soll der Reis die Farbe des Weines annehmen.

Dann den Topf vom Herd nehmen und die Hälfte vom Parmesan und die restliche Butter kräftig unterrühren. Das Risotto mit Salz und Pfeffer abschmecken. Servieren und mit dem übrigen Käse bestreuen.

Feuilleton
Enkel des Propheten
Der Barbier von Sibirien
Für Glanz und Gloria

Gemüse und Beilagen

Für dieses Kapitel möchte ich die Aufmerksamkeit zunächst auf meinen neuen Liebling unter den Gemüsen lenken: den Wirsing. Es ist die Zuneigung zum verlorenen Sohn, der ins Elternhaus zurückkehrt. Ich kannte dieses köstliche Gemüse nur zu Brei verkocht und als Quelle penetranten Gestanks in der ganzen Wohnung. Heute weiß ich, daß man aus diesem besonderen Kohl eine köstliche Beilage zu vielen dunklen Fleischarten machen kann, daß er lauwarm mit Vinaigrette angemacht zu Meeresfrüchten paßt und daß er, auf toskanische Art zubereitet, eigentlich mehr ist als eine Gemüsebeilage.

Eine weitere Entdeckung ist die ungewöhnliche, weil süße Zubereitungsart von Zwiebeln. Sowohl die marokkanischen als auch die süßen Zwiebeln – das sagt schon der Name – betonen die für die Zwiebel ohnehin typische Süße, statt sie wie üblich zu verdrängen. Dadurch entstehen ganz subtile Gemüsebeilagen, die in erster Linie zu jeder Art von Fisch passen. Wann immer ich eines dieser Zwiebelgerichte für meine Gäste gekocht habe, gab es zunächst überraschte Gesichter, dann nur noch begeisterte Zustimmung.

Pilz-Polenta

20 g getrocknete Steinpilze

75 g Champignons

1 kleine Zwiebel (oder Schalotte)

2 EL Pflanzenöl

1 l Hühnerbrühe (möglichst selbstgekochte)

Salz

250 g Polenta (Maisgrieß)

80 g frisch geriebener Parmesan

1 TL frischer Oregano

Die Steinpilze in heißem Wasser etwa 30 Minuten einweichen. Dann die Pilze ausdrücken und grob hacken.

Die Champignons trocken säubern, Stielenden abschneiden und die Champignonköpfe vierteln. Die Zwiebel pellen und fein hacken.

In einer großen, hohen Pfanne das Öl erhitzen und die Zwiebelwürfel andünsten. Wenn sie hellgelb sind, die Champignons zugeben und unter Rühren weiterdünsten. Dann die Steinpilze zugeben, die Hühnerbrühe angießen und mit etwa 1 TL Salz würzen. Die Hitze erhöhen und die Brühe einmal aufkochen lassen, dann die Hitze wieder reduzieren.

Sobald die Brühe nur noch köchelt, den Polentagrieß unter ständigem Rühren mit einem Holzlöffel (immer in der gleichen Richtung) einrieseln lassen, bis der Grieß ohne Klümpchen mit der Brühe vermischt ist.

Die Hitze soweit reduzieren, daß der Brei nur noch ab und zu blubbert. Die Polenta etwa 30 Minuten garen, dabei alle zwei Minuten mit dem Holzlöffel umrühren, bis sich der Brei vom Pfannenrand löst.

Den geriebenen Parmesan kräftig unterrühren und die Polenta mit Oregano und Salz abschmecken.

Zum Warmhalten die Polenta am besten in ein heißes Wasserbad stellen, sonst setzt sie leicht am Topfboden an.

Gemüse-Polenta

250 g frischer Spinat (tiefgekühlter Blattspinat geht auch)

2 Möhren

1 Stange Staudensellerie

2 Zwiebeln

2 Knoblauchzehen

1 Bund Petersilie

1 Bund Basilikum

1 Zweig frischer Rosmarin

3–4 EL Olivenöl und Öl für die Form

250 g Polenta (Maisgrieß)

Salz, Pfeffer aus der Mühle

etwa 100 g Grana (italienischer Hartkäse) oder Parmesan am Stück

Den Spinat gründlich waschen, verlesen und putzen (tiefgekühlten in ein Sieb geben und auftauen lassen). Die Blätter grob zerteilen.

Die Möhren waschen, schälen und in 1 cm große Würfel schneiden. Den Staudensellerie waschen, putzen und entfädeln (vom unteren Ende her die äußere Haut einschneiden und die harten Fasern zum oberen Teil hin abziehen). Die Selleriestange in 1 cm dicke Scheiben schneiden.

Die Zwiebeln und den Knoblauch pellen, fein würfeln. Petersilie und Basilikum waschen, trocknen und die Blätter (ohne harte Stiele) hacken. Rosmarin waschen, die Nadeln vom Stengel streifen und grob hacken.

In einem großen Topf das Olivenöl erhitzen. Zuerst die Zwiebelwürfel hellgelb andünsten, dann den Knoblauch zugeben. Etwas später die Kräuter unterrühren und dünsten, bis sie aromatisch duften. Nun die Gemüsestücke zugeben und alles noch 4 bis 5 Minuten unter Rühren anschmoren.

3/4 l kochendes Wasser aufgießen und die Polenta langsam unter Rühren einrieseln lassen. Mit Salz und Pfeffer würzen. Die Polenta mit halbgeöffnetem Deckel bei schwacher Hitze etwa 20 Minuten ausquellen lassen, dabei ab und zu umrühren.

Es soll ein recht steifer Brei werden, deshalb nur bei Bedarf wenig Wasser nachfüllen.

Eine Kastenform mit etwas Olivenöl auspinseln. Die gare Polentamasse in die geölte Form füllen und die Oberfläche glattstreichen. Zum Warmhalten mit Alufolie abdecken. Die Polenta etwa 20 Minuten stehenlassen, dann auf eine Platte stürzen und in 2 cm dicke Scheiben schneiden. Mit geriebenem Käse bestreut servieren.

Polenta schneidet man klassisch mit einem Zwirnsfaden wie Serviettenknödel, weil sie an einem Messer klebenbleiben würde. Die Scheiben kann man auch erkalten lassen und später in Olivenöl aufbraten.

Kartoffel-Sellerie-Püree

300 g Kartoffeln

400 g Sellerieknolle

30 g Butter

1/4 l Milch

Salz, Pfeffer aus der Mühle

Muskatnuß

Die Kartoffeln und die Sellerieknolle waschen, schälen und in etwa 1,5 cm große Würfel schneiden.

In einen Topf mit Dämpfeinsatz etwas Wasser geben, die Kartoffel- und Selleriewürfel in den Dämpfeinsatz geben, in den Topf stellen und zugedeckt aufkochen. In 12 bis 15 Minuten weich dämpfen.

Das Gemüse in eine Schüssel füllen und mit dem Kartoffelstampfer zerdrücken. Mit einem Schneebesen Butter und Milch unterschlagen, mit Salz, Pfeffer und Muskat abschmecken.

Geschmorter Wirsing

1 Wirsingkohl

100 g Butter

Salz, Pfeffer aus der Mühle

Vom Wirsing die äußeren Blätter entfernen, den Kohl vierteln und den harten Strunk ausschneiden. Die Viertel unter fließendem Wasser waschen, dann in Streifen schneiden und etwas abtropfen lassen.

Den Wirsing noch feucht in einen Schmortopf geben, die Butter in Stückchen darauf verteilen, salzen und pfeffern. Den Deckel auflegen und den Wirsing bei schwacher Hitze in 15 bis 20 Minuten bißfest schmoren, dabei ab und zu umrühren.

> *Der Wirsing ist eine wunderbare Beilage zu Hasenrücken oder Lamm, schmeckt auch lauwarm (mit leichter Vinaigrette angemacht) mit gebratenen Shrimps oder anderen Meeresfrüchten als kleiner Zwischengang.*

Toskanischer Wirsing

1 Wirsingkohl

1 große Zwiebel

1 Knoblauchzehe

6 geschälte Tomaten (aus der Dose)

2–3 EL Olivenöl

125 ml Hühnerbrühe (oder Gemüsebrühe)

1–2 EL Weißweinessig

1 TL getrockneter Thymian

Salz, Pfeffer aus der Mühle

50 g Butter

80–100 g Pecorino oder Parmesan am Stück

Vom Wirsing die äußeren, dunkelgrünen Blätter ablösen (für ein anderes Gericht verwenden), den Kohl achteln und den Strunk herausschneiden. Die Kohlachtel in etwa 1/2 cm schmale Streifen schneiden.

Die Wirsingstreifen in ein Sieb geben und gründlich waschen, gut abtropfen lassen. Die Zwiebel und den Knoblauch pellen, die Zwiebel halbieren und in Streifen schneiden. Die Tomaten in grobe Stücke schneiden.

In einem Bräter das Olivenöl erhitzen. Die Zwiebelstreifen hellbraun anschmoren. Die Kohlstreifen unterrühren und den Knoblauch durch die Presse dazudrücken.

Die Tomatenstücke zugeben und die Brühe angießen. Essig und Thymian zugeben, salzen und pfeffern. Einmal aufkochen, dann den Deckel auflegen und das Gemüse bei kleiner Hitze garen.

Kurz vor dem Servieren die Butter untermischen. Den Käse frisch reiben und über das Wirsinggemüse streuen.

> *Den Wirsing heiß als Beilage zu Hähnchen, Fasan oder Beinscheiben vom Kalb servieren. Oder als eigenen Gemüsegang in einem Menü.*

Franziska BECKER.

Weiße Bohnen mit Tomaten

250 g getrocknete kleine weiße Bohnenkerne (Flageolet- oder Canellini-Bohnen)

3 mittelgroße Zwiebeln

1 Knoblauchzehe

Salz

4 EL Olivenöl

1 TL fein gehackte frische Rosmarinnadeln

1 TL getrockneter Thymian

2 Lorbeerblätter

1 große Dose geschälte Tomaten (Pelati, 800 g)

Pfeffer aus der Mühle

Die Bohnenkerne über Nacht in reichlich kaltem Wasser einweichen.

Zur Zubereitung die Zwiebeln pellen. Eine Zwiebel halbieren, die übrigen zwei fein würfeln. Den Knoblauch pellen und fein hacken.

Von den eingeweichten Bohnen das Wasser abgießen. Die Bohnen mit der halbierten Zwiebel in einen Topf geben und gut mit Wasser bedecken. 1 TL Salz dazustreuen und aufkochen. Den Schaum abschöpfen, den Deckel auflegen und die Bohnen bei schwacher Hitze in etwa 45 Minuten garen.

In der Zwischenzeit das Olivenöl in einer Pfanne erhitzen, die beiden gewürfelten Zwiebeln glasig dünsten. Den gehackten Knoblauch, Rosmarin, Thymian, Lorbeer und die Tomaten zugeben, die Tomaten in der Pfanne grob zerteilen. Alles bei schwacher Hitze ohne Deckel etwa 20 Minuten leise köcheln lassen.

Wenn die Bohnen gar sind, in ein Sieb abgießen und gut abtropfen lassen. Mit der Tomatensauce vermischen und mit Salz und Pfeffer abschmecken.

Die Bohnen passen gut zu Lammbraten oder -koteletts. Oder: als Pastasauce unter bißfest gekochte Penne oder andere Nudeln mischen und mit Parmesan bestreuen.

Süße Zwiebeln

30 kleine Zwiebeln (oder Schalotten)

1–1 1/2 EL Zucker (am besten Puderzucker)

2 EL Olivenöl (oder Pflanzenöl)

Salz

Die Zwiebeln pellen und in eine Kasserolle geben. Zucker, Olivenöl und 2 bis 3 EL Wasser zugeben, salzen und bei starker Hitze etwa 10 Minuten garen, bis die Flüssigkeit fast verkocht ist, dabei öfter umrühren und bei Bedarf etwas Wasser nachgießen.

Schmecken wunderbar zu gebratenem oder gedünstetem Fisch.

Grammelkraut

2 Zwiebeln

100 g durchwachsener Speck (süddeutsch »Wammerl«)

etwas Schweineschmalz

500 g Sauerkraut (Dose oder frisch vom Faß)

Salz, Pfeffer aus der Mühle

1 TL Kümmel

1/4 l Fleischbrühe

1 kleine festkochende Kartoffel

100 g grüner (frischer) Speck

Die Zwiebeln pellen und fein würfeln. Den durchwachsenen Speck in feine Streifen schneiden.

In einem Topf etwas Schmalz zerlassen und die Speckstreifen anbraten. Die Zwiebeln zugeben, glasig dünsten.

Das Sauerkraut zugeben und mit Salz, Pfeffer und Kümmel würzen. Mit der Fleischbrühe aufgießen und 10 Minuten köcheln lassen.

Die Kartoffel schälen und auf einer feinen Rohkostreibe zum Kraut hobeln, untermischen. Weitere 10 Minuten unter gelegentlichem Rühren köcheln lassen.

Den grünen Speck in Würfelchen schneiden und in eine kleine Pfanne geben. Bei mittlerer Hitze braten, bis die Speckwürfel knusprig und gebräunt sind. Diese Grieben (»Grammeln«) über das fertiggekochte Kraut geben.

> *Schmeckt mir am besten zu Hasenrücken oder anderem Wild.*

Austernpilze mit Frühlingszwiebeln

1 Bund Frühlingszwiebeln (Lauchzwiebeln)

300 g Austernpilze

etwas Pflanzenöl

30 g Butter

Salz, Pfeffer aus der Mühle

2–3 EL gehackte Petersilie

Die Frühlingszwiebeln waschen und putzen. Den weißen und den hellgrünen Teil in 1 cm breite Stücke schneiden (die grünen Teile für einen Salat verwenden). Die Zwiebelstücke mit Küchenkrepp trockentupfen.

Die Austernpilze trocken (am besten mit einem Pinsel) reinigen, die Hüte grob zerteilen und dabei harte Stielansätze wegschneiden.

In einer Pfanne zuerst etwas Öl erhitzen, die Butter zugeben und aufschäumen lassen. Die Zwiebelstücke unter Rühren 3 bis 4 Minuten darin rundum anbraten.

Die Pilze zugeben und bei starker Hitze unter gelegentlichem Wenden 6 bis 8 Minuten braten, bis sie gebräunt sind. Mit Salz und Pfeffer würzen und gehackte Petersilie untermischen.

> *Die Pilze passen gut zu kurzgebratenem oder gegrilltem Fleisch und zu gebratenem Geflügel.*

Marokkanische Zwiebeln

3–4 große Zwiebeln

3 EL Olivenöl, Salz

2 EL Tomatenmark

3 EL Sultaninen (Rosinen)

etwas Rotwein

schwarzer Pfeffer aus der Mühle

Die Zwiebeln pellen und in Scheiben schneiden – das geht am schnellsten mit einem scharfen Gurkenhobel.

In einer Pfanne das Olivenöl erhitzen, die Zwiebelscheiben zugeben, salzen und bei schwacher Hitze dünsten, dabei ab und zu umrühren.

Wenn die Zwiebeln weich sind, Tomatenmark, Rosinen und einen Schuß Rotwein unterrühren. Noch 5 Minuten köcheln lassen, dabei rühren, damit nichts anbrennt. Mit Salz, Pfeffer abschmecken. Warm oder kalt – zum Beispiel zu gebratenem Fischfilet – servieren.

Rotwein-Schalotten und -Pilze

15 Schalotten (möglichst gleich große mit 2 cm Durchmesser)

125 g kleine Egerlinge (braune Champignons), so groß wie die Schalotten

125 g kleine Shiitake-Pilze

25 g Butter

1/8 l Fleischbrühe (Instant)

1/8 l kräftiger Rotwein

2 Zweige frischer Thymian

Salz, Pfeffer aus der Mühle

Die Schalotten pellen. Die Pilze trocken (mit einem Pinsel) säubern. Bei Shiitake-Pilzen die Stiele abschneiden.

In einer Pfanne die Butter erhitzen. Die Schalotten und die Pilze unter Rühren 4 bis 5 Minuten anbraten.

Die Brühe und den Wein angießen, Thymianzweige dazulegen. Bei mittlerer Hitze offen etwa 15 Minuten köcheln lassen. Mit Salz und Pfeffer würzen. Warm als Beilage zu Geflügel oder Wild servieren.

Curry-Gemüse

100 g frische kleine Maiskölbchen (oder eine Dose à 400 g)

Salz

250 g Möhren

1 Bund dünne Frühlingszwiebeln (Lauchzwiebeln)

100 g frische Bohnenkeime

2 Knoblauchzehen

1 walnußgroßes Stück frischer Ingwer

5 frische Zitronenblätter

1 TL Currypaste

2 EL Fischsauce

2 EL Sojasauce

200 ml Kokosmilch

2 TL Zucker

3 EL Öl zum Braten

Die Maiskölbchen waschen und in leicht gesalzenem Wasser zugedeckt etwa 7 Minuten vorkochen, gut abtropfen lassen und halbieren (Maiskölbchen aus der Dose nur abtropfen lassen).

Die Möhren putzen, schälen und in streichholzfeine Stifte schneiden. Die Frühlingszwiebeln putzen, waschen und in maiskölbchenlange Stücke schneiden. Die Bohnenkeime heiß überbrausen und abtropfen lassen.

Knoblauchzehen und den Ingwer schälen, fein hacken. Die Zitronenblätter waschen und in hauchfeine Streifen schneiden.

Die Currypaste mit Fischsauce, Sojasauce, Kokosmilch und Zucker verrühren.

In einem Wok oder einer tiefen Pfanne das Öl erhitzen. Gehackten Knoblauch und Ingwer kurz anbraten, dann die Möhrenstreifen und den Mais zugeben, unter ständigem Rühren und Wenden 2 Minuten braten.

Die Frühlingszwiebeln und Bohnenkeime zugeben und weitere 2 Minuten unter Rühren braten. Mit der Currysauce übergießen und noch etwa 3 Minuten garen. Mit den Zitronenblattstreifen bestreuen und servieren.

Mit Basmati-Reis als vegetarisches Hauptgericht servieren.

Geschmorter Fenchel

1 kg Fenchelknollen

5–6 Knoblauchzehen

5–6 EL Olivenöl

Salz, Pfeffer aus der Mühle

Gemüsebrühe oder Wasser

Die Fenchelknollen waschen und vierteln, den harten Strunk am Wurzelansatz wegschneiden. Den Knoblauch pellen, ganz lassen.

In einer Pfanne das Olivenöl erhitzen, die Fenchelstücke bei mittlerer Hitze unter Wenden leicht anbräunen, dabei salzen und pfeffern.

Knoblauchzehen zugeben und hellbraun braten, dabei das Wenden nicht vergessen. Soviel Brühe oder Wasser angießen, daß der Fenchel zu 1/3 bedeckt ist. Die Hitze vermindern und den Fenchel leise simmern lassen, bis er sehr weich ist – eventuell Flüssigkeit nachgießen, am Schluß soll aber die ganze Brühe eingekocht sein. Warm zu geschmortem Fleisch oder Geflügel servieren.

Indische Pilzpfanne

200 g kleine Champignons

200 g Shiitake-Pilze

1 dünne Lauchstange

1 kleine grüne Paprikaschote

1 rote Paprikaschote

1 kleine grüne Peperoni (Chilischote)

1 mittelgroße Tomate

1 Knoblauchzehe

1 Bund Koriandergrün nach Geschmack

2 TL Korianderkörner

4 EL Pflanzenöl zum Braten

1/2 TL Kreuzkümmel (Cumin)

1/4 Becher Joghurt

1/4 TL Kurkumapulver

2 Msp Chilipulver

Salz

Die Pilze trocken (mit einem Pinsel) putzen, die Stielenden abschneiden, die Pilze halbieren. Den Lauch putzen, gründlich waschen und den weißen und hellgrünen Teil in 3 mm dünne Scheiben schneiden.

Die Paprikaschoten waschen, putzen und entkernen, die Schoten in 1/2 cm breite Streifen schneiden. Peperoni entkernen und fein hacken.

Die Tomate überbrühen, häuten und würfeln. Den Knoblauch pellen und mit Presse bereitlegen. Das Koriandergrün waschen, trocknen und einen Teil der Blätter fein hacken. Die Korianderkörner im Mörser zerstoßen.

In einem Wok oder einer Pfanne das Öl erhitzen, Korianderkörner und Kreuzkümmel kurz anrösten. Die Pilze, Paprikastreifen, Lauch und den Joghurt untermischen, den Knoblauch dazupressen und 2 bis 3 Minuten kräftig kochen lassen.

Unter Rühren Kurkuma, Chilipulver und Salz, Tomatenwürfel und gehackte Peperoni zugeben, bei mittlerer Hitze 10 Minuten kochen, dabei soll viel Pilzflüssigkeit verdampfen. Zum Servieren die gehackten Korianderblätter unterrühren und die Pilzpfanne mit ganzen Blättchen garnieren. Mit Pita-Brot oder Reis auftragen.

Vegetarische Kohlroulade

125 g Langkorn-Reis

Salz

4–6 schöne große Weiß- oder Spitzkohlblätter

3–4 Frühlingszwiebeln (Lauchzwiebeln)

1 Knoblauchzehe

5 EL Pinienkerne

3–4 EL Olivenöl

2 EL Tomatenmark

3–4 EL gehackte Petersilie

1/2 TL Kreuzkümmelsamen

1 Msp Zimtpulver

1/4 l Gemüsebrühe (aus Instant-Pulver)

Den Reis in Salzwasser bißfest kochen, abgießen und abtropfen lassen.

Die Kohlblätter in sprudelnd kochendem Salzwasser etwa 2 Minuten überbrühen, bis sie weich sind. In ein Sieb gießen und abtropfen lassen.

Die Frühlingszwiebeln waschen, putzen, den weißen und hellgrünen Teil in feine Ringe schneiden. Die Knoblauchzehe pellen.

In einer kleinen Pfanne die Pinienkerne ohne Öl hellbraun anrösten. Die Pinienkerne aus der Pfanne nehmen, das Olivenöl erhitzen und die Frühlingszwiebeln darin andünsten.

Den Knoblauch dazupressen. Tomatenmark, gehackte Petersilie, Pinienkerne, Reis und die Gewürze zugeben und alles vermischen. Die Pfanne vom Herd nehmen und etwas abkühlen lassen.

Von den Kohlblättern die Mittelrippen flach schneiden, jeweils etwas von der Füllung auf ein Kohlblatt geben. Die Seiten einschlagen und das Kohlblatt aufrollen. Die Rouladen mit der Naht nach unten in eine Kasserolle legen. Die Brühe angießen, erhitzen und zugedeckt bei schwacher Hitze 20 bis 25 Minuten garen.

Dazu paßt gut eine Tomatensauce, siehe Seiten 53–55 in meinem ersten Kochbuch.

Fisch und Meeresfrüchte

Fisch ist gesünder als Fleisch. Das hat sich nicht nur herumgesprochen, das halten auch die meisten Verbraucher für erwiesen. Dagegen sind die meisten Amateurköche immer noch nicht davon zu überzeugen, daß Fischgerichte in der Regel viel leichter zuzubereiten sind als Fleischgerichte. Auf meine Rezepte in diesem Kapitel trifft das mit wenigen Ausnahmen zu. Fast alle sind nicht nur unkompliziert und einfach, es geht auch viel schneller als bei Fleisch.

Daß Zander mehrfach auftaucht, hat einen guten Grund: Obschon er ein sehr feiner Süßwasserfisch ist, sind die Filets erstaunlich preiswert. Das Rezept »Zanderfilet auf Chicorée« ist ein Vorschlag für eine Kombination, die man leicht variieren kann.

So kann man den Chicorée sehr leicht durch »Marokkanische Zwiebeln« aus dem Kapitel »Gemüse und Beilagen« ersetzen. Statt des Zanderfilets kann man ein Filet von der Brasse verwenden. Überhaupt kann man bei vielen Rezepten den angegebenen Fisch durch einen anderen ersetzen. Der Ersatzfisch muß nur in der Konsistenz dem im Rezept angegebenen Fisch ähneln.

Viele Gerichte aus diesem Kapitel eignen sich bei einem Menü mit mehreren Gängen als Vorspeise, wenn man die Portionen halbiert. Und zum Schluß – bei der Zubereitung von Fisch gibt es drei »S« zu beachten: säubern, säuern, salzen …

Zanderfilet auf Chicorée

4 Chicoréestauden

400 g Zanderfilets

2 EL Pflanzenöl

150 ml Fleisch- oder Gemüsebrühe oder Weißwein

etwas Mehl oder Puderzucker

Salz, Pfeffer aus der Mühle

2–3 EL Butter

Mehl zum Wenden

Die Chicoréestauden waschen, längs halbieren und den Strunk mit einem spitzen Messer keilförmig herausschneiden.

Die Zanderfilets in portionsgroße Stücke zerteilen, mit Küchenkrepp trocknen.

In einem Bräter das Öl erhitzen und die Chicoréehälften mit den Schnittflächen nach unten kräftig anbraten, der Chicorée soll dabei ruhig etwas braun werden. Dann die Hälften wenden und auf der anderen Seite kurz anbraten. Die Brühe (den Wein – oder eine Mischung aus beidem) angießen. Den Chicorée mit etwas Mehl oder Puderzucker bestäuben, salzen und pfeffern. Zugedeckt fertiggaren (das dauert etwa 20 Minuten), dabei nach Bedarf noch etwas Wasser oder Brühe nachgießen.

Währenddessen in einer Pfanne die Butter auf nicht zu starker Stufe erhitzen und aufschäumen lassen. Die Zanderfilets salzen und pfeffern, in Mehl wenden und leicht klopfen, um überschüssiges Mehl zu entfernen. In der heißen Butter auf beiden Seiten schnell braten. Falls Sie Filets mit Haut braten: zuerst die Fleischseite braten, dann die Filets vorsichtig wenden und die Hautseite knusprig braten.

Den geschmorten Chicorée auf Teller verteilen und mit Sud übergießen, die gebratenen Zanderfilets darauf anrichten und servieren.

Kabeljaufilet im Senf-Ei-Mantel

500 g Kabeljau- oder anderes Fischfilet

Salz, weißer Pfeffer aus der Mühle

Zitronensaft

2 TL Senfpulver

2 Eier

2 EL Milch

1 EL Sahne

2–3 EL Mehl

Butterschmalz zum Braten

Mehl zum Wenden

Die Fischfilets mit Küchenkrepp trocknen, salzen und pfeffern, mit Zitronensaft beträufeln. Beiseite stellen.

Das Senfpulver mit den Eiern, Milch, Sahne, Mehl, Salz und Pfeffer im Mixer oder in einer Rührschüssel mit dem Schneebesen zu einem glatten Teig vermischen, etwas quellen lassen.

In einer Pfanne nicht zu wenig Butterschmalz erhitzen. Die Fischfilets in Mehl

wenden, dann durch den Teig ziehen und im heißen Schmalz auf beiden Seiten schön knusprig braten.

> *Den Fisch richte ich gern mit Blattspinat an (tiefgekühlten nach Vorschrift mit einer gepellten Knoblauchzehe gegart).*

Fischfilet »alla puttanesca«

4 Fischfilets (zum Beispiel Rotbarsch) à 150–180 g

20 schwarze Oliven

1 kleine, milde Pfefferschote (Chilischote)

4 mittelgroße Tomaten

6 Frühlingszwiebeln (Lauchzwiebeln)

1–2 Knoblauchzehen

1 Bund Basilikum (ersatzweise Petersilie)

5–6 EL Olivenöl

Salz, Pfeffer aus der Mühle

etwas getrockneter Thymian

2–3 TL Kapern

Das Fischfilet mit Küchenkrepp trocknen, bis zur Verwendung in den Kühlschrank stellen.

Das Olivenfleisch in Stücken vom Kern schneiden. Die Pfefferschote waschen, entkernen und fein hacken.

Die Tomaten kurz überbrühen, häuten und in etwa 1 cm dicke Scheiben schneiden. Die Frühlingszwiebeln waschen, putzen und den hellen Teil in 1 cm lange Stücke schneiden. Den Knoblauch pellen und längs halbieren. Das Basilikum waschen, trocknen und die Blätter grob hacken.

Den Backofen auf 200 °C vorheizen. Eine feuerfeste Form (zu der es einen Deckel gibt) mit etwas Olivenöl ausstreichen. Die Fischfilets leicht salzen und pfeffern, nebeneinander in die Form legen. Jedes Filet mit einer Prise Thymian bestreuen und die Kapern, Olivenstücke, Frühlingszwiebeln und Pfefferschote auf die Filets verteilen.

Die Knoblauchhälften zwischen die Filets legen. Die Hälfte vom Basilikum über die Filets streuen, etwas Öl darüber träufeln und die Tomatenscheiben darauf verteilen. Etwas salzen, pfeffern und das übrige Basilikum darüber streuen. Mit dem restlichen Olivenöl beträufeln, den Deckel auflegen und die Form auf mittlerer Höhe in den Ofen schieben. Etwa 30 Minuten garen.

Zum Servieren den Knoblauch zwischen den Filets herausfischen und entsorgen. Die Filets vorsichtig mit einem Pfannenheber aus der Form auf die Teller heben, daß die einzelnen Fischstücke mit dem Gemüse darauf eine Einheit bilden.

> *Zum Garen nimmt man am besten eine hitzefeste Glasform, so hat man den Garprozeß am besten im Auge – wenn der sich bildende Sud aufbrodelt, ist das Gericht fertig.*

Schellfisch mit Estragonsauce

4 etwa gleich große Scheiben Schellfisch, 3 cm dick

Salz, Pfeffer aus der Mühle

50 g Butter

3–4 Zweige frischer Estragon

1/2 Becher Sahne (100 g)

etwas abgeriebene Zitronenschale

Den Backofen auf 200 °C vorheizen. Die Fischscheiben mit Küchenkrepp trocknen, auf beiden Seiten salzen und pfeffern. Eine feuerfeste Form, in der die Fischscheiben nebeneinander gerade Platz haben, mit der Hälfte der Butter ausstreichen.

Die Fischscheiben in die Form legen. Den Estragon waschen und trockentupfen, etwa 2 TL Estragonblättchen abzupfen und über den Fisch streuen. Die restliche Butter in kleinen Flöckchen auf dem Fisch verteilen.

Die Sahne mit etwas geriebener Zitronenschale verrühren und zwischen die Fischscheiben gießen. Die Form in den Ofen stellen und den Fisch 20 Minuten garen, bis das Fischfleisch fest ist.

Die übrigen Estragonblättchen fein hacken. Die Fischscheiben aus der Form auf einen Teller heben und im abgeschalteten Ofen bei geöffneter Ofentür warm stellen. Die Sauce in der Form mit einem Schneebesen glattrühren und 1 bis 2 TL Estragon zugeben, mit Salz und Pfeffer abschmecken. Die Sauce über die Fischscheiben gießen und sofort servieren.

Schmeckt natürlich auch mit anderen Fischkoteletts, wie Kabeljau, Seeteufel oder Lachs.

Seeteufel mit Spinat im Netz

4 Stücke Schweinenetz ohne dicke Fettadern, jeweils etwa 10 x 10 cm groß (beim Metzger vorbestellen)

250 g Spinat, Salz

2 Tomaten

2–3 Schalotten

65 g Butter

1 kleiner Zweig Estragon

400 g Seeteufelfilet ohne Haut und Gräte (möglichst in einem gleichmäßigen Stück)

etwas Zitronensaft

2 EL Crème fraîche

weißer Pfeffer, Cayennepfeffer

1/2 Glas Weißwein

Das Schweinenetz vorsichtig mehrmals waschen, unter 3- bis 4maligem Wasserwechsel einen Tag wässern.

Zur Zubereitung den Spinat verlesen und gründlich waschen, kurz in Salzwasser überbrühen, abgießen und kalt abschrecken. Gut ausdrücken und grob hacken.

Die Tomaten überbrühen, häuten und entkernen. Das Fruchtfleisch grob würfeln.

Die Schalotten schälen und sehr fein hacken. 50 g Butter in Stücke teilen und sehr kalt stellen. Estragon waschen, die Blättchen fein hacken.

Den Backofen auf 220 °C vorheizen. Die Schweinenetze auf einem etwas angefeuchteten Brett auslegen. Fischfilet in 4 gleich große Scheiben schneiden und mit etwas Zitronensaft beträufeln.

Den Spinat mit den Tomatenstücken und Crème fraîche vermischen, mit Salz, Pfeffer und einer Prise Cayennepfeffer würzen. Jeweils eine Fischscheibe leicht salzen und mittig auf ein Stück Schweinenetz legen. 1/4 der Spinatmischung darauf setzen und das Netz darüber falten. In einer ofenfesten Pfanne 15 g Butter zerlassen. Die Fischpäckchen hineinsetzen und im heißen Ofen etwa 20 Minuten garen.

Für die Sauce die Schalotten mit Wein dünsten, bis die Flüssigkeit fast verdampft ist. Den Topf vom Herd nehmen und die kalten Butterstücke mit dem Schneebesen unterschlagen. Mit Salz, Pfeffer und Cayenne würzen, mit Estragon bestreuen.

Die gegarten Fischpäckchen eventuell unterm Grill leicht anbräunen, auf Tellern anrichten und mit der Sauce umgießen.

Rotbarben aus dem Backofen

4 große Rotbarben, etwa 20 cm lang (oder 8 kleine)

2 Knoblauchzehen

1 Bund frischer Rosmarin

6–7 EL Olivenöl

getrockneter Oregano

Salz, Pfeffer aus der Mühle

Zitronenachtel zum Garnieren

Den Backofen auf 180 °C vorheizen. Die geschuppten Rotbarben innen und außen gründlich waschen und mit Küchenkrepp trocknen. Die Flossen abschneiden.

Die Knoblauchzehen pellen und fein hacken. Den Rosmarin waschen und trocknen.

In einem ofenfesten länglichen Bräter Olivenöl erhitzen und den Knoblauch darin glasig werden lassen. 2 gute Prisen Oregano dazugeben.

Die Fische innen und außen leicht salzen und pfeffern. Pro Fisch einen kleinen Rosmarinzweig durch das heiße Knoblauchöl ziehen und in die Bauchhöhle stopfen.

Die Fische in die Form legen, das würzige Öl darüber löffeln und den Bräter in den Ofen schieben. Die Fische 25 bis 30 Minuten garen, dabei öfter mit dem Würzöl bestreichen. Mit Zitronenachteln garnieren und sehr heiß servieren.

Auf diese Weise können Sie auch Doraden, Red Snapper oder ähnliche Portionsfische zubereiten.

Seeteufel mit Frühlingszwiebeln

600 g Seeteufelfilet (Lotte) ohne Haut und Gräte

10 Frühlingszwiebeln (Lauchzwiebeln)

1/2 Bund glatte Petersilie

1 EL Olivenöl

25 g Butter

1/8 l Vermouth (z. B. französischer Noilly Prat)

10 Safranfäden

Salz, Cayennepfeffer

Das Fischfilet mit Küchenkrepp trocknen und eventuell vorhandene Häutchen entfernen. Das Filet in 2,5 cm dicke Medaillons schneiden.

Die Lauchzwiebeln waschen, putzen, den weißen bis hellgrünen Teil in dünne Scheiben schneiden. Die Petersilie waschen, trocknen und fein hacken.

In einer Pfanne das Öl erhitzen, dann die Butter zugeben und aufschäumen lassen. Die Fischscheiben ganz kurz darin anbraten, wieder herausheben. Die Frühlingszwiebelscheiben in der Pfanne kurz andünsten, dann den Vermouth angießen und die Safranfäden unterrühren. Die Mischung bei starker Hitze auf etwa 1/3 der Menge einkochen. Mit Salz und Cayennepfeffer abschmecken.

Die Seeteufelstücke und die gehackte Petersilie in die Pfanne geben und in der Sauce in 3 bis 5 Minuten fertiggaren. Mit der Sauce auf Teller verteilen und servieren.

Dazu passen bißfest gekochte Nudeln jeglicher Art oder körniger Reis (mit einem guten Stück Butter verfeinert).

Fisch mit Knoblauch-Petersilien-Butter und Tomatensauce

500 g Zanderfilet, möglichst gleichmäßig dicke Stücke

1 Bund glatte Petersilie

100 g Butter

5–6 große Knoblauchzehen

2–3 Fleischtomaten

2–3 Schalotten

2 EL Olivenöl

1 Zweig frischer Rosmarin

Salz, weißer Pfeffer aus der Mühle, Cayennepfeffer

Das Fischfilet in etwa 100 g-Portionen teilen, mit Küchenkrepp gut trocknen. Bis zur Verwendung kühl stellen.

Die Petersilie waschen, trocknen und sehr fein hacken. Die Butter zimmerwarm werden lassen.

Die Knoblauchzehen ungeschält mit Wasser bedecken und 6 bis 7 Minuten kochen. Die Knoblauchzehen aus dem Wasser nehmen und pellen. Die Zehen in frisches Wasser geben und weiterkochen, bis die Zehen ganz weich sind, dabei mehrmals das Wasser wechseln.

Die weichen Knoblauchzehen mit einer Gabel zerdrücken und mit der Butter und der Petersilie zu einer Paste vermischen.

Für die Tomatensauce die Tomaten kurz überbrühen, häuten und in kleine Würfel schneiden. Die Schalotten pellen und fein hacken. In einem Topf das Olivenöl erhitzen und die Schalotten andünsten. Die Tomatenwürfel und den Rosmarinzweig zugeben und die Sauce leise einkochen lassen.

Die Zanderfilets leicht salzen und pfeffern, auf beiden Seiten mit der Buttermischung bestreichen.

Eine Pfanne erhitzen. Die gebutterten Filets in der Pfanne auf jeder Seite etwa 2 Minuten braten.

Die Tomatensauce mit Salz und Cayennepfeffer abschmecken und zu den Zanderfilets servieren.

Zanderfilet auf Sahnekraut

1 kg mildes Sauerkraut

125 g Butter

12 (oder mehr) Wacholderbeeren

2 Lorbeerblätter

1/8 l Weißwein

1/8 l Geflügelfond

1 Becher Sahne

1 EL Honig

250 g mittelgroße kernlose Weintrauben (weiß)

Salz, Pfeffer aus der Mühle

4 Zanderfilets à 150–200 g

Butter zum Braten

Mehl zum Bestäuben

Das Sauerkraut in ein Sieb geben und unter fließendem Wasser waschen. Gut abtropfen lassen. In einem Topf die Butter erhitzen, bei starker Hitze das Kraut hineingeben. Die Wacholderbeeren im Mörser zerdrücken und mit den Lorbeerblättern zugeben. Den Wein und den Fond angießen, die Hitze reduzieren und das Kraut etwa 1 Stunde zugedeckt köcheln lassen. Dabei gelegentlich umrühren und bei Bedarf Flüssigkeit nachgießen.

Wenn das Sauerkraut gar ist, die Sahne und den Honig zugeben und gut untermischen. Nach Geschmack (und Größe der Trauben) die Weintrauben ganz oder halbiert untermischen, mit Salz und Pfeffer abschmecken.

Die Zanderfilets mit Küchenkrepp trocknen, salzen und pfeffern. Die Butter zum Braten in einer Pfanne aufschäumen lassen. Die Filets mit etwas Mehl bestäuben und in der heißen Butter pro Seite 2 bis 3 Minuten braten.

Das Sahnekraut auf Tellern anrichten und jeweils ein Zanderfilet darauf legen.

Der Zander schmeckt im Herbst am besten. Sein feines, festes Fleisch ist äußerst delikat, aber es muß ganz frisch verwendet werden. Ein kleiner Zander bis etwa 1 kg läßt sich auch gut im Ganzen pochieren oder dünsten.

Fisch in der Salzkruste

1 ganzer Meeresfisch zu 1–1,5 kg (zum Beispiel Dorade, Loup de mer oder Red Snapper)

1 Handvoll gemischte frische Kräuter (Dill, glatte Petersilie, Kerbel, Fenchelgrün, Rosmarin)

4 Eier

2 kg grobes Meersalz

Für die Buttersauce:

1 Schalotte

1 EL Weißweinessig

4 EL Weißwein

2 EL kleine Kapern

80 g Butterstückchen (eiskalt)

Salz, weißer Pfeffer aus der Mühle

Den Fisch eventuell ausnehmen, die Kiemen mit einer Schere herausschneiden. Schuppen ist nicht nötig. Den Fisch unter fließendem Wasser waschen und sorgfältig mit Küchenkrepp trocknen.

Die Kräuter waschen und trocknen, in die Bauchhöhle des Fisches füllen.

Die Eier trennen und die Eiweiße zu Schnee schlagen. Den Eischnee in einer Schüssel mit dem groben Salz vermischen, so daß eine formbare Masse entsteht. Bei Bedarf etwas Wasser dazugeben.

Den Backofen auf 230 °C vorheizen. Die Hälfte der Salzmischung auf eine Form oder ein tiefes Backblech schichten, den Fisch darauf legen und gleichmäßig mit dem restlichen Salz bedecken, die Masse dabei gut andrücken. Den eingepackten Fisch in den Ofen schieben und etwa 45 Minuten backen.

Kurz vor Ende der Backzeit die Buttersauce bereiten: Die Schalotte pellen und sehr fein würfeln. In eine kleine Pfanne geben, Essig und Weißwein zugießen und offen dünsten, bis die Flüssigkeit fast verdunstet ist.

Den Fisch aus dem Ofen nehmen und noch etwa 5 Minuten ruhenlassen.

Bei kleinster Hitze die Butter mit einem Schneebesen nach und nach unter die eingekochten Schalotten schlagen, bis eine sämige Sauce entstanden ist. Die Kapern untermischen und mit Salz und Pfeffer abschmecken.

Die Salzkruste vom Fisch an der Seite rundum aufschneiden (notfalls mit einem Hammer aufklopfen) und den Deckel abheben. Alle Salzkörner vom Fisch abstreifen, die Haut abziehen und den Fisch auf Teller portionieren. Mit der Buttersauce übergießen und servieren.

Thunfisch mit Tomatensauce

2 etwa 3 cm dicke Scheiben frischer Thunfisch à 400–450 g

2 EL fein gehackte frische Minze

1 EL fein gehacktes Koriandergrün

Salz, Pfeffer aus der Mühle

5 Knoblauchzehen

1 kg reife Tomaten

1/2 Bund frische Minze

6 EL Olivenöl

1–2 getrocknete Chilischoten

1 Zimtstange (5–6 cm lang)

1/2 TL getrockneter Oregano

1 EL Korianderkörner

1 frische rote Chilischote

150 ml Weißwein

Die Thunfischscheiben häuten, kurz abspülen und mit Küchenkrepp trocknen. Eventuell dunkle Stellen wegschneiden.

Die gehackte Minze und das Koriandergrün mit etwas Salz und Pfeffer im Mörser zerstampfen. 3 Knoblauchzehen pellen und mit der Presse dazudrücken. Zu einer Paste verrühren. Mit einem spitzen Messer Schlitze in das Fischfleisch schneiden und die Paste hineindrücken. Beiseite stellen.

Für die Sauce die Tomaten kurz überbrühen, häuten und entkernen, in Stücke schneiden. Die Minze waschen, die Blätter hacken. Die restlichen Knoblauchzehen pellen und fein würfeln. In einem Topf 3 EL Olivenöl erhitzen. Den Knoblauch, die zerbröselten, getrockneten Chilischoten, die Zimtstange, Oregano und die Korianderkörner anrösten, bis der Knoblauch goldgelb ist. Die Minze, Tomatenstücke und die frische Chilischote zugeben und bei starker Hitze 5 bis 10 Minuten kochen lassen. Mit Salz und Pfeffer würzen.

Den Backofen auf 220 °C vorheizen. In einem Bräter das restliche Olivenöl stark erhitzen. Die Thunfischscheiben auf jeder Seite 1 Minute anbraten, aus dem Bräter heben, salzen und pfeffern.

Das Öl aus dem Bräter mit Küchenkrepp auswischen. Den Weißwein in den Bräter gießen und 4 bis 5 Minuten einkochen lassen. Die Thunfischscheiben wieder in den Bräter legen, die Tomatensauce darüber gießen. Den Bräter in den Ofen schieben und den Thunfisch 10 Minuten darin garen. Am besten in der Form servieren.

Gedämpfter Heilbutt mit Brunnenkresse

Für 2 Personen:

2 etwa 1 cm dicke Scheiben vom weißen Heilbutt

1 Bund Brunnenkresse

2 Frühlingszwiebeln (Lauchzwiebeln)

1 kleine mittelscharfe rote Peperoni (Chilischote)

1 unbehandelte Limette

Vermouth

Salz, Pfeffer aus der Mühle

Die Fischscheiben mit Küchenkrepp trocknen, beiseite stellen. Die Brunnenkresse verlesen, dicke Stiele entfernen. Blätter waschen und trocknen. Die Frühlingszwiebeln waschen und putzen, den weißen und hellgrünen Teil schräg in Streifen schneiden. Die Peperoni halbieren, entkernen und in feine Streifen schneiden.

Die Limette heiß waschen, mit dem Zestenreißer dünne Späne von der Schale ziehen. Die Limette in Scheiben schneiden.

Einen Topf (mit Dämpfeinsatz) etwa 2 bis 3 cm hoch mit einer Mischung aus halb Vermouth, halb Wasser füllen. Ein paar Limettenscheiben und 1 TL Salz zugeben, zugedeckt aufkochen.

Die Brunnenkresse auf dem Dämpfeinsatz verteilen. Die Fischscheiben großzügig salzen und pfeffern und auf die Kresse legen. Limettenspäne, Frühlingszwiebel- und die Peperonistreifen darüber streuen. Den Einsatz in den Topf heben und sofort den Deckel auflegen. Den Fisch 10 bis 12 Minuten dämpfen (dickere Fischscheiben brauchen länger!), dabei den Deckel nicht abheben.

Nach dem Dämpfen den Fisch samt der Brunnenkresse mit einem Schaumlöffel auf vorgewärmte Teller heben und servieren.

Fisch mit Speck aus dem Ofen

1 kg Kabeljau (Mittelstück, etwa gleich dick)

etwas Zitronensaft

1 Bund Petersilie

3 große festkochende Kartoffeln

3 mittelgroße Zwiebeln

50 g Butter

Salz, weißer Pfeffer aus der Mühle

125 g durchwachsener Speck (in dünnen Scheiben)

1 Glas Riesling (Weißwein)

Den Backofen auf 220 °C vorheizen. Den Fisch waschen und trockentupfen, mit etwas Zitronensaft säuern. Die Petersilie waschen, trocknen und in den Fischbauch legen.

Die Kartoffeln und die Zwiebeln schälen und mit dem Gurkenhobel in dünne Scheiben hobeln.

Einen Bräter auf dem Herd erhitzen, die Butter darin schmelzen lassen. Die Kartoffel- und Zwiebelscheiben in der Butter wenden, salzen und pfeffern.

Den Fisch salzen und mit dem Rücken nach oben auf das Kartoffel-Zwiebel-Bett setzen. Gleichmäßig mit den Speckscheiben belegen. Die Hälfte vom Riesling angießen und den Bräter in den Ofen schieben. Etwa 30 Minuten garen, dann den restlichen Wein nachgießen und den Fisch – je nach Dicke – noch 15 bis 20 Minuten garen.

Zum Servieren die Speckscheiben und die Fischhaut entfernen. Den Fisch in Stücke zerteilen und mit dem Kartoffel-Zwiebel-Gemüse auf Tellern anrichten.

Tintenfische mit getrockneten Tomaten

Für 2 Personen:

400 g Tintenfische

80 g getrocknete Tomaten

1 Bund Petersilie

nach Belieben: 1–2 Knoblauchzehen

4 EL Olivenöl

5 EL trockener Vermouth (Noilly Prat)

Salz, schwarzer Pfeffer

Die Tintenfische waschen, die Köpfe abziehen. Die Körper innen säubern und in 2 cm breite Streifen schneiden. Die Köpfe halbieren und die schnabelartigen Beißwerkzeuge mit den Fingern herauslösen.

Getrocknete Tomaten mit kochendem Wasser übergießen, etwa 3 Minuten ziehen lassen, dann das Wasser abgießen (entfällt bei in Öl eingelegten getrockneten Tomaten). Die Tomaten in 1 cm breite Streifen schneiden. Die Petersilie waschen, trocknen und fein hacken. Falls Knoblauch gewünscht: pellen und fein hacken.

Das Olivenöl in einer Pfanne sehr heiß werden lassen. Die Tintenfische mit Küchenkrepp sehr gut trocknen und im heißen Öl scharf anbraten. Die Tomatenstreifen dazugeben und unter Rühren weiterbraten (eventuell Knoblauch jetzt unterrühren).

Mit dem Vermouth ablöschen, die gehackte Petersilie unterrühren, mit Salz und viel schwarzem Pfeffer würzen. Sofort servieren.

Garnelen mit Rucola

Für 2 Personen:

300 g rohe Garnelenschwänze (etwa 10 cm lange)

1–2 Bund Rucola

2 mittelgroße Tomaten

2 Knoblauchzehen (wahlweise)

4–5 EL Olivenöl

Salz, Pfeffer aus der Mühle

Cayennepfeffer, Zitronensaft

Garnelen auf der Rückenseite aufschneiden, den Darm entfernen. Garnelen kurz abspülen und trocknen.

Rucola verlesen, waschen und trocknen. In 2 bis 3 cm breite Streifen schneiden.

Die Tomaten überbrühen, häuten und entkernen. Das Fruchtfleisch würfeln. Die Knoblauchzehen (wahlweise) pellen und vierteln.

In einer Pfanne das Öl mit dem Knoblauch erhitzen. Die Garnelen auf jeder Seite 1 Minute anbraten. Rucola und Tomaten zugeben, zugedeckt 5 bis 6 Minuten dünsten, ab und zu umrühren. Mit Salz, Pfeffer, einer Prise Cayenne und Zitronensaft abschmecken. Mit Safranreis servieren.

Oktopus in Wein geschmort

1 kg küchenfertiger Oktopus

2–3 Zwiebeln

3–5 Knoblauchzehen

2–3 Tomaten (ersatzweise abgetropfte aus der Dose)

6–7 EL Olivenöl

2 Lorbeerblätter

1/4 l Wein (rot oder weiß)

Salz, viel schwarzer Pfeffer aus der Mühle

1–2 EL Aceto Balsamico

Oktopus waschen, die Körperhöhle gut ausspülen. Die Mundöffnung, die zwischen den Fangarmen auf der Unterseite zu sehen ist, ausschneiden. Oktopus in 3 bis 5 cm breite Stücke schneiden.

Die Zwiebeln pellen, halbieren und in Streifen schneiden. Den Knoblauch pellen und fein hacken.

Frische Tomaten überbrühen, häuten und entkernen, in Stücke schneiden (Dosentomaten nur zerteilen).

In einer breiten Kasserolle das Olivenöl erhitzen. Die Oktopusstücke anbraten. Sobald sie rotbraun sind, Zwiebeln, Knoblauch und Lorbeer zugeben, 10 bis 15 Minuten dünsten.

Die Tomaten zugeben und den Wein unterrühren. Zugedeckt bei schwacher Hitze etwa 1 Stunde schmoren. Mit Salz, viel Pfeffer und dem Essig pikant abschmecken.

Auch als Vorspeise: Über Nacht durchziehen lassen und kalt servieren.

Ihre Hose ist offen
STEINBARSCH
CALAMARI
papan

Calamari in Tomatensauce

800 g kleine Tintenfische

500 g reife Tomaten (oder 1 Dose geschälte Tomaten)

2 Zwiebeln

2 Knoblauchzehen

50 g schwarze, entsteinte Oliven

1 Bund Petersilie

6 EL Olivenöl

Salz

1/8 l Weißwein

1 Peperoncino (getrocknete Chilischote, ersatzweise Cayennepfeffer)

Pfeffer aus der Mühle

Die Tintenfische unter fließendem Wasser waschen. Dann die dünne Haut vom tubenförmigen Tintenfischkörper abziehen.

Falls die Tintenfische noch nicht ausgenommen sind, das Innere mit den Fangarmen aus dem Körper herausziehen. Die Innereien abschneiden und wegwerfen.

Aus den Köpfen die harten Beißwerkzeuge (auf der Unterseite der Fangarme zu finden) entfernen.

Die Körper innen gründlich waschen, das Fischbein entfernen. Körper und Köpfe mit Küchenpapier sorgfältig abtrocknen und in Streifen schneiden.

Frische Tomaten kurz mit kochendem Wasser überbrühen, häuten, die Kerne ausdrücken und das Fruchtfleisch würfeln (die Tomaten aus der Dose nur abtropfen lassen und in grobe Stücke schneiden).

Die Zwiebeln und den Knoblauch pellen und fein hacken. Die Oliven in feine Streifen schneiden, die Petersilie waschen, trocknen und die Blättchen fein hacken.

In einem breiten Topf das Olivenöl erhitzen. Die Tintenfischstreifen unter ständigem Umwenden kurz und scharf anbraten. Salzen und die Zwiebeln zugeben, unter Rühren glasig dünsten.

Den gehackten Knoblauch, die Tomatenstücke und den Wein zugeben, den Peperoncino dazubröseln und alles aufkochen lassen. Zugedeckt etwa 15 Minuten bei schwacher Hitze köcheln lassen.

Wenn die Calamari weich sind, die Oliven unterrühren und die Sauce ohne Deckel noch 5 Minuten einkochen lassen. Mit Salz und Pfeffer abschmecken und mit Petersilie bestreut servieren.

Wenn Sie keine frischen Tintenfische bekommen, können Sie auch tiefgekühlte nehmen – die haben den Vorteil, daß sie meist schon gereinigt sind. Allerdings ziehen sie beim Anbraten viel Flüssigkeit. Am besten vorher kurz blanchieren, dann gut mit Küchenkrepp trocknen.

Geflügel und Fleisch

Die Situation auf dem Fleischmarkt ändert sich nur sehr langsam. Rindfleisch ist immer noch verdächtig und wird es noch lange bleiben. Am schwierigsten ist es, gutes Kalbfleisch zu bekommen. Dagegen habe ich immer öfter gutes Schweinefleisch gefunden, natürlich nicht beim Metzger »um die Ecke«. Man muß schon suchen, und man muß bereit sein, etwas mehr zu zahlen. Aber es hat sich ja längst herumgesprochen, daß es viel gesünder ist, weniger Fleisch zu essen. Also kann man durch gebremsten Fleischgenuß die höheren Preise für wirklich gutes Fleisch ausgleichen. Das trifft auch für Geflügel und Kaninchen zu. Auf dem Markt oder im Geflügelladen zahlt man mehr als im Supermarkt. Aber die Qualität, das heißt der Geschmack, ist unvergleichlich besser. Lamm kaufe ich weiter bei meinem türkischen Metzger in bester Qualität zu sehr angemessenem Preis.

Die Rezepte dieses Kapitels spiegeln diese Situation wider. Geflügel und Kaninchen dominieren ebenso wie Lamm. Mit den Rezepten für Wiener Schnitzel und Schweinebraten taucht die Küche meiner Mutter noch einmal auf. Ich habe einfach zwischen Kaninchen, Enten und Lamm manchmal richtig Heißhunger auf ein klassisches Fleischgericht, das mich an frühere Zeiten erinnert. Man kann es ja wie beim »Schweinebraten ›light‹« etwas heutiger zubereiten.

Entenbrust in Honig-Essig

4 kleine Entenbrüste

1 mittelgroße Zwiebel

1/4 l Weißwein

4 EL Weißweinessig

2 EL Honig

Salz, weißer Pfeffer aus der Mühle

Die Entenbrüste mit Küchenkrepp trocknen. Die Zwiebel pellen und fein hacken.

In einer Pfanne die Zwiebelwürfel mit Wein, Essig und Honig etwa 10 Minuten unter Rühren bei Mittelhitze köcheln lassen.

Gleichzeitig eine zweite (beschichtete) Pfanne erhitzen. Die Entenbrüste darin mit der Fettseite nach unten bei mittlerer Hitze etwa 4 Minuten braten, dann wenden und weitere 4 Minuten braten. Salzen und pfeffern.

Den Bratensaft von der Entenbrust zur Honig-Essig-Sauce gießen, Sauce mit Salz und Pfeffer abschmecken.

Die Entenbrüste in Scheiben schneiden und mit der Sauce übergossen servieren.

Dieses Rezept habe ich von Wolf Uecker. Danke!

Entenbrust mit Portweinsauce

2 dicke Entenbrüste mit Haut

75 g Butter

2 Schalotten

125 ml Rotwein

125 ml Portwein

125 ml Hühnerbrühe

75 ml Crème de Cassis

Salz, Pfeffer aus der Mühle

Einen Bräter (oder eine hitzefeste Pfanne) in den Backofen stellen und auf 200 °C vorheizen. Die Entenbrüste mit Küchenkrepp gut trocknen. Die Butter in kleine Würfel teilen und kalt stellen. Die Schalotten pellen und sehr fein hacken.

Die Fetthaut der Entenbrüste (nicht bis ins Fleisch!) mit scharfem Messer einschneiden. Das Fleisch mit der Fettseite nach unten in den heißen Bräter (die Pfanne) legen, im Ofen 5 bis 6 Minuten braten. Dann wenden und mit der Hautseite nach oben weitere 8 bis 10 Minuten braten – das Fleisch ist dann zum Schluß rosa, soll es durchgebraten sein, 5 bis 6 Minuten länger im Ofen lassen.

Die Entenbrüste aus dem Ofen nehmen, in Alufolie wickeln und etwa 5 Minuten nachziehen lassen.

Das Fett abgießen, im Bräter die Schalotten mit Rotwein, Portwein, Brühe und Crème de Cassis bei starker Hitze auf 2/3 der Menge einkochen, salzen und pfeffern. Den Bräter vom Herd nehmen und die Butterstückchen mit einem Schneebesen rasch einschlagen. Die Brüste quer in dünne Scheiben schneiden und mit der Sauce beträufelt servieren. Dazu paßt zum Beispiel die Pilz-Polenta von Seite 86 gut.

Entenbrust à l'orange

2 dicke Entenbrüste mit Haut

3 Orangen (mindestens eine davon unbehandelt)

Pflanzenöl zum Braten

200 ml Orangenlikör (Grand Marnier)

Salz, Pfeffer aus der Mühle

1 Becher Sahne (200 g)

1 TL Fleischbrühenpulver (oder 1/2 Brühwürfel)

1 EL Aceto Balsamico

Die Entenbrüste kurz waschen, mit Küchenkrepp trockentupfen. Mit einem scharfen Messer die Fetthaut rautenförmig einritzen (dabei aber nicht bis ins Fleisch schneiden).

Eine unbehandelte Orange heiß waschen, trocknen und etwa 1 bis 2 EL Schale so dünn abschälen, daß nichts von der weißen, bitteren Innenhaut daran hängt. Die Schale in feine Streifen schneiden, beiseite stellen.

Zwei Orangen auspressen, die dritte Orange mit einem scharfen Messer bis ins Fruchtfleisch schälen und die Filets mit einem Messer aus den hellen Trennhäuten schneiden. Dabei den Saft auffangen und zu dem ausgepreßten Saft geben.

Eine Pfanne mit ein wenig Öl stark erhitzen. Die Entenbrüste mit der Fettschicht nach unten in die Pfanne legen, 8 Minuten braten. Dann wenden und mit Grand Marnier übergießen (Vorsicht, daß keine offene Flamme in der Nähe ist!) und noch weitere 5 Minuten braten.

Die Entenbrüste aus der Pfanne nehmen, salzen und pfeffern, in Alufolie wickeln und beiseite legen.

Den Bratensatz mit dem Orangensaft ablöschen. Die Sahne angießen, Brühepulver und Aceto Balsamico zugeben und etwa 5 Minuten einköcheln lassen.

Die Orangenfilets und die Schalenstreifen in die Sauce geben, mit Salz und Pfeffer abschmecken.

Die Entenbrüste aus der Folie nehmen, den ausgetretenen Fleischsaft in die Sauce gießen. Das Fleisch von der Fettschicht weg in Scheiben schneiden (dabei am besten mit einem Kochlöffel halten, damit das Fleisch nicht beschädigt wird).

Die Entenbrustscheiben in die Sauce geben, kurz erwärmen (falls die Entenbrust noch zu rosa ist, noch einen Moment länger in der Sauce lassen) und servieren.

Die Entenbrustfilets gibt es frisch im Kühlregal ordentlich sortierter Supermärkte. Auch unbehandelte Orangen findet man immer häufiger, aber erst heiß abwaschen, um auf der Schale sitzenden Schmutz zu entfernen.

Linsencurry mit Huhn

500 g Hähnchenbrustfilet

1/4 l Hühnerbrühe (selbst gekocht oder Instant)

250 g Zwiebeln

1 Knoblauchzehe

1 Bund Frühlingszwiebeln (Lauchzwiebeln)

1 große Dose Linsen (mit Suppengrün)

6–8 EL Sonnenblumenöl

1 TL mildes Currypulver

1 TL scharfes Currypulver

Salz

3 TL Mango-Chutney

2–3 EL Sweet-Chili-Sauce

Das Hähnchenfilet mit Küchenkrepp trocknen und in 1,5 cm große Würfel schneiden. Die Hühnerbrühe heiß bereitstellen.

Die Zwiebeln und den Knoblauch pellen, fein hacken. Die Frühlingszwiebeln waschen, putzen und in 1 cm breite Stücke schneiden.

Die Linsen in ein Sieb gießen und abtropfen lassen.

In einem breiten Topf das Öl erhitzen und die Fleischwürfel unter gelegentlichem Rühren anbraten. Zwiebeln und Knoblauch zugeben. Mit beiden Currysorten bestäuben und kurz andünsten.

Die Brühe angießen und die Linsen unterrühren. Mit Salz, Mango-Chutney und Chilisauce würzen. Zugedeckt bei schwacher Hitze etwa 25 Minuten köcheln lassen.

Die Frühlingszwiebeln unterrühren und alles noch 5 Minuten garen. Mit körnig gekochtem Reis servieren.

Statt mit Huhn schmeckt das Curry auch mit Schweineschnitzelwürfeln.

Huhn mit Brokkoli aus dem Wok

4 Hähnchenbrustfilets

1 Knoblauchzehe

3 EL Sojasauce

3 EL Sake (Reiswein, ersatzweise trockener Sherry)

500 g Brokkoli

1 TL Korianderkörner

4 EL Pflanzenöl zum Braten

4 EL dunkles Sesamöl (aus geröstetem Sesam)

Salz, Pfeffer aus der Mühle

Die Hähnchenbrustfilets mit Küchenkrepp trocknen und quer in sehr dünne Scheiben schneiden. Für die Marinade die Knoblauchzehe pellen. Die Sojasauce in einer Schüssel mit Sake vermischen, den Knoblauch dazupressen und die Hähnchenscheiben darin wenden. Im Kühlschrank 1 bis 2 Stunden marinieren.

Den Brokkoli waschen, die Stiele in sehr dünne Scheiben schneiden (dabei eventuell holzige Stellen entfernen).

Die Köpfe in kleine Röschen teilen. Die Korianderkörner im Mörser zerreiben.

In einem Wok erst das Pflanzenöl erhitzen, dann das Sesamöl zugießen und unter Rühren die Brokkolistengelscheiben 4 bis 5 Minuten anbraten. Die Röschen zugeben und alles noch 3 bis 4 Minuten braten.

Das Hühnerfleisch samt Marinade untermischen und ebenfalls 3 bis 5 Minuten (je nach Dicke der Scheiben) unter Rühren braten. Die gemörserten Korianderkörner untermischen, mit Salz und Pfeffer abschmecken. Gleich mit Reis servieren.

Stubenküken mit Lemon Pepper

2 Stubenküken zu je 500 g

etwas Pflanzenöl zum Braten

50 g Butter

Salz, Lemon Pepper

Die Stubenküken waschen und mit Küchenkrepp trocknen. Mit einer Geflügelschere durch Brust und Rücken halbieren. Die Hälften auf einem Brett mit dem Handballen kräftig flach drücken.

In einer großen Pfanne etwas Öl erhitzen. Die Hälfte der Butter zugeben und die Stubenkükenhälften auf beiden Seiten scharf anbraten.

Die Hitze zurückschalten, die restliche Butter in die Pfanne geben und die Küken in etwa 15 Minuten fertigbraten. Mit Salz und Lemon Pepper würzen, servieren.

Lemon Pepper besteht aus schwarzem Pfeffer und Zitronenschale. Erst zum Schluß damit würzen, sonst verfliegt das Aroma.

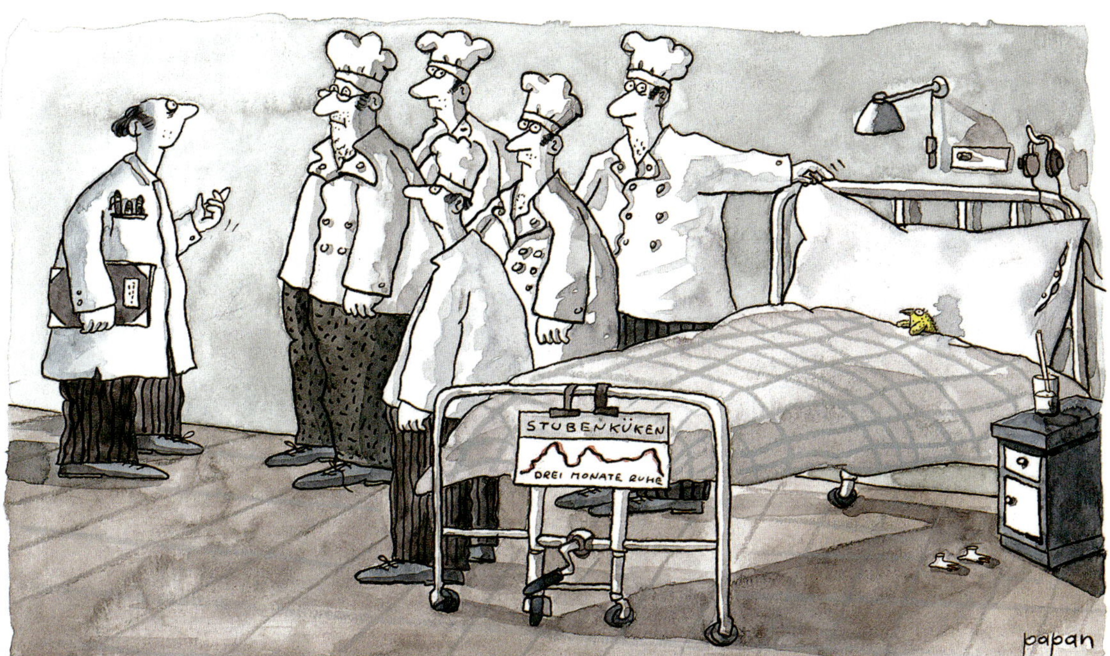

Hähnchenbrust mit Limetten mariniert

4 Hähnchenbrustfilets (etwa 600 g)

2–3 Zweige frische Minze

1–2 Limetten (für 4 EL Saft)

1 TL gemahlener Kreuzkümmel

1/2 TL gemahlener Koriander

1/4 TL Kurkumapulver

125 ml Hühnerbrühe (evtl. aus 2 TL Instant-Brühpulver)

3 EL Olivenöl oder Sonnenblumenöl

1/4 TL Speisestärke

Salz

Die Hähnchenbrustfilets mit Küchenkrepp trocknen und in 2 cm große Würfel schneiden. Die Minze waschen, trocknen und fein hacken. Die Limetten auspressen. Den Limettensaft mit Minze, Gewürzen und Hühnerbrühe verrühren, die Hähnchenwürfel untermischen und 4 bis 6 Stunden im Kühlschrank marinieren.

Die Fleischwürfel aus der Marinade heben und gut abtropfen lassen. In einer Pfanne das Öl erhitzen und die Fleischwürfel 12 bis 15 Minuten bei mittlerer Hitze unter gelegentlichem Rühren sachte braten. Die Marinade zugießen und aufkochen lassen.

Die Speisestärke mit etwas kaltem Wasser anrühren und unter die Sauce rühren. Noch etwas einkochen lassen, bis die Sauce gebunden ist. Mit Salz abschmecken.

Dazu paßt körnig gekochter Reis oder einfach ein Stück Pita-Brot.

Chinesische Hühnerpfanne

500 g Hähnchenbrustfilets

6–7 cm Ingwerwurzel

1 unbehandelte Limette

3 Knoblauchzehen

5–6 EL Sojasauce

10 Tropfen Tabascosauce

250 g Möhren

1 Bund Frühlingszwiebeln (Lauchzwiebeln)

2 rote Paprikaschoten

10 EL Pflanzenöl zum Braten

100 ml trockener Sherry

Salz

Die Hähnchenbrustfilets mit Küchenkrepp trocknen und in sehr dünne Scheiben schneiden. In eine Schüssel geben. Den Ingwer schälen und fein zum Fleisch reiben.

Die Limette heiß waschen und die Schale abraspeln, die Limette auspressen. Die Knoblauchzehen pellen, zum Fleisch pressen. Die Filetstreifen noch mit Limettensaft und -schale, Soja- und

Tabascosauce vermischen, im Kühlschrank etwa 1 Stunde ziehen lassen.

Die Möhren, Frühlingszwiebeln und die Paprikaschoten waschen und putzen. Die Möhren schälen und in dünne Scheiben schneiden. Von den Frühlingszwiebeln den weißen und hellgrünen Teil in feine Scheibchen schneiden. Die Paprikaschoten halbieren und entkernen, in dünne Streifen schneiden.

In einer Pfanne die Hälfte vom Öl erhitzen. Möhren und Paprikastreifen darin unter ständigem Rühren 7 bis 8 Minuten braten. Die Frühlingszwiebeln zugeben und weitere 3 Minuten braten.

In einer zweiten Pfanne das übrige Öl sehr heiß werden lassen. Das Hähnchenfleisch mit der Marinade unter heftigem Rühren 3 bis 4 Minuten garen. Das gegarte Gemüse zu dem Fleisch geben und vermischen, Sherry zugießen und noch einmal aufkochen lassen. Mit Salz abschmecken und sofort servieren.

Ente mit Sauerkirschsauce

2 Entenbrustfilets mit Haut

25 g Butter

1 Glas Sauerkirschen (Schattenmorellen)

eventuell ein wenig Öl

2 EL Rotweinessig

1 EL brauner Zucker

5 EL Rotwein

1–2 EL Kirschwasser

Salz, Pfeffer aus der Mühle

Die Entenbrustfilets mit Küchenkrepp trocknen, die Haut mit einem scharfen Messer rautenförmig einschneiden. Beiseite stellen.

Die Butter in kleine Stücke schneiden und sehr kalt stellen. Die Sauerkirschen in ein Sieb abgießen und dabei den Saft auffangen.

Eine Pfanne erhitzen (eventuell ein wenig Öl hineingeben) und die Entenbrüste mit der Hautseite nach unten etwa 8 Minuten braten. Dann wenden und auf der Fleischseite weitere 8 Minuten braten. Das Fleisch herausnehmen, in Alufolie wickeln und nachziehen lassen.

Den Bratfond in der Pfanne mit dem Essig ablöschen und etwas einkochen lassen. Den Zucker darüber streuen, Wein und Kirschwasser angießen und 2 bis 3 Minuten köcheln lassen.

Die Hälfte von dem aufgefangenen Kirschsaft zugießen und etwas einkochen lassen. Die Kirschen einrühren, die Sauce mit den kalten Butterflöckchen binden (rasch mit dem Schneebesen einrühren) und mit Salz und Pfeffer abschmecken.

Die Entenbrust aus der Folie nehmen und in Scheiben schneiden. Auf Tellern anrichten und mit der Sauce überziehen. Dazu schmecken zum Beispiel kleine Rösti.

Das Nachziehen in der Folie ist wichtig, damit das Fleisch nachgart und der Saft sich gleichmäßig verteilen kann.

Franziska BECKER

Festlicher Fasan

Für 2 Personen:

1 küchenfertiger, möglichst junger Fasan (etwa 600 g)

1 kleiner, etwa walnußgroßer schwarzer Trüffel

Salz, Pfeffer aus der Mühle

3 EL Geflügelfond

2 EL Madeira

1 EL Cognac

50 g Räucherspeck in sehr dünnen Scheiben

3 EL Mehl

2 EL Sahne

nach Belieben: ein Stück kalte Butter

Vom Fasan eventuell restliche Federkiele und außensitzendes loses Fett entfernen. Den Fasan gründlich auswaschen und mit Küchenkrepp trockentupfen.

Den Trüffel gründlich abbürsten und in dünne Scheiben hobeln oder schneiden.

Die Brusthaut des Fasans etwas anheben und einige Trüffelscheiben darunter schieben. Die übrigen Trüffelscheiben in feine Streifen schneiden.

Den Backofen auf 220 °C vorheizen. Die Bauchhöhle des Fasans salzen und pfeffern. In eine ofenfeste Form mit Deckel den Geflügelfond, Madeira und Cognac gießen. Den Fasan mit der Brust nach oben hineinlegen und mit Speckscheiben und Trüffelstreifen gleichmäßig belegen.

Das Mehl mit ein wenig Wasser zu einem knetbaren Teig vermischen, zu dünnen Würstchen rollen und den Formrand damit gleichmäßig belegen. Den Deckel auflegen und den herausquellenden Teig mit feuchtem Finger glattstreichen. Der Deckel soll nun hermetisch schließen, damit später kein Dampf aus der Form austreten kann. Falls der Deckel ein Luftloch hat, muß auch dieses abgedichtet werden.

Die Form in den Ofen schieben und den Fasan 45 Minuten garen. Die Form herausnehmen und den Teigrand aufbrechen. Fasan herausnehmen und warm stellen.

Für die Sauce den Bratenfond in eine kleine Pfanne gießen und rasch etwas einkochen lassen. Die Sahne zugießen und aufkochen, mit Salz und Pfeffer abschmecken. Wer mag, kann die Sauce noch mit einem Stück kalter Butter binden, dabei darf die Sauce aber nicht mehr kochen.

Den Fasan halbieren, auf Tellern anrichten und mit der Sauce umgießen. Als Beilage passen Champagnerkraut, Kartoffel-Sellerie-Püree oder Maronen, halbiert und in Butter geschwenkt.

Das Alter eines Fasans kann man am Sporn erkennen, der sich am »Ständer« genannten Bein befindet. Je kürzer und weicher dieser Sporn ist, desto jünger ist das Tier. Man sollte bei der Bestellung bzw. beim Einkauf darauf achten, daß die Beine nicht entfernt werden.

Albanischer Hammeltopf

500 g mageres Lammfleisch aus der Schulter

50 g Butter

etwas Pflanzenöl

etwa 150 ml Rotwein

Salz, Pfeffer aus der Mühle

1–2 TL Kräuter der Provence

Fett für die Form

250 g saure Sahne

300 g Vollmilch-Joghurt

1–2 Eier

Das Lammfleisch mit Küchenkrepp trocknen und in etwa gulaschgroße Würfel schneiden.

In einem Schmortopf die Butter mit etwas Öl erhitzen, bei starker Hitze die Fleischstücke portionsweise kurz anbraten, damit sich die Poren schließen. Fertiggebratene herausheben.

Wenn alle Fleischstücke gebraten sind, wieder in den Topf geben und soviel Rotwein und Wasser (im Verhältnis 1:1) zugießen, bis das Fleisch gerade bedeckt ist. Mit Salz, Pfeffer und den Kräutern der Provence würzen. Zugedeckt etwa 20 Minuten schmoren lassen, notfalls ganz wenig Wasser oder Wein nachgießen.

Den Backofen auf 250 °C vorheizen. Wenn es gar und zart ist, das Fleisch herausnehmen und die Flüssigkeit reduzieren. Eine mittelhohe Auflaufform ausfetten und das Fleisch einfüllen. Die stark reduzierte Restflüssigkeit dazugeben. Die saure Sahne mit Joghurt und den Eiern verquirlen, leicht salzen und pfeffern, über das Lammfleisch gießen.

Im heißen Ofen etwa 30 Minuten backen, bis die Oberfläche schön gebräunt ist. In der Form servieren.

Dazu serviere ich Pita-Brot und einen Tomatensalat mit Zwiebeln.

Lamm in Folie

4 doppelte, über zwei Rippen geschnittene Lammkoteletts

Salz, Pfeffer aus der Mühle

8 Knoblauchzehen

1 TL getrocknete Minze

1 TL getrockneter Oregano

4 TL Zitronensaft

50 g Butter

Die Lammkoteletts kurz abspülen, trocknen und mit Salz und Pfeffer würzen. Den Backofen auf 220 °C vorheizen. Vier Stücke Alufolie in etwa 25 x 25 cm große Quadrate schneiden, jeweils ein Kotelett auf ein Folienstück legen. Die Knoblauchzehen pellen und längs vierteln, auf die Koteletts verteilen. Mit Minze, Oregano und Zitronensaft würzen, mit der Butter in Flöckchen belegen. Die Folie verschließen und die Päckchen auf ein Backblech legen. Im heißen Ofen etwa 50 Minuten garen.

Dazu paßt gedünsteter Spinat, mit Zitronensaft und Olivenöl abgeschmeckt.

Kaninchen in Estragonsauce

4 Kaninchenkeulen à 200 g

2–3 mittelgroße Zwiebeln

1–2 Zweige frischer Estragon (notfalls getrockneter)

50 g Butter

1 EL Pflanzenöl zum Braten

Salz

3/8 l Weißwein

1/4 Becher Sahne

Pfeffer aus der Mühle

Cayennepfeffer

nach Belieben etwas Cognac

Die Kaninchenkeulen waschen und mit Küchenkrepp gut trocknen. Die Zwiebeln pellen und fein würfeln. Frischen Estragon waschen, trocknen und etwa 2 bis 3 EL Blätter abzupfen.

In einem Bräter die Butter mit dem Öl erhitzen. Die Zwiebelwürfel darin glasig dünsten. Die Kaninchenkeulen salzen, die Zwiebelwürfel etwas zur Seite schieben und die Kaninchenkeulen im Bräter rundum anbraten.

Den Wein angießen und die Hälfte der Estragonblätter dazugeben. Den Deckel auflegen und bei schwacher Hitze etwa 45 Minuten schmoren lassen.

Die Keulen aus dem Bräter heben, die Sahne und den restlichen Estragon zur Bratensauce geben und kurz aufkochen lassen. Mit Salz, Pfeffer und Cayennepfeffer abschmecken. Nach Belieben noch kurz vorm Servieren einen guten Schuß Cognac dazugießen.

Wenn die Sauce vom Wein etwas säuerlich schmeckt, läßt sich das mit einer Prise Zucker beheben.

Kaninchen mit Oliven und Orangen

4 Kaninchenkeulen à 200 g

30 g Butter

1 EL Pflanzenöl zum Braten

Salz, Pfeffer aus der Mühle

getrockneter Majoran

200 ml Fleischbrühe (Instant)

25 g grüne Oliven

2–4 Orangen

1 Becher saure Sahne

1 Becher Crème fraîche

Die Kaninchenkeulen waschen und gut trocknen. In einem Bräter die Butter mit dem Öl erhitzen. Die Kaninchenkeulen mit Salz, Pfeffer und Majoran würzen und anbraten, bis sie rundum leicht gebräunt sind. Die Brühe aufgießen, den Deckel auflegen und die Kaninchenkeulen bei schwacher Hitze 40 bis 50 Minuten schmoren lassen. Ab und zu mit dem Schmorfond übergießen.

Die Oliven in Scheiben schneiden. Die Orangen mit dem Messer so schälen, daß auch die weiße Haut vollständig entfernt wird. Die Orangen in Scheiben schneiden und mit den Olivenscheiben zum Fleisch geben, noch 5 Minuten schmoren lassen. Die Kaninchenkeulen herausheben, die saure Sahne und die Crème fraîche zugeben und unter Rühren einmal kräftig aufkochen lassen. Die Sauce abschmecken, die Kaninchenkeulen wieder einlegen und unter Wenden heiß werden lassen.

> *Damit das magere Kaninchenfleisch nicht trocken wird, muß es bei sanfter Temperatur gegart werden. Begießen Sie während des Schmorens das Fleisch immer wieder mit Brühe.*

Kaninchenleber mit Weißkraut

Für 2 Personen:

1 kleiner Weißkohl (etwa 500 g), im Sommer am besten »junges« Weißkraut

2–3 EL Sherryessig

3 EL Traubenkernöl

Salz, Pfeffer aus der Mühle

eine Prise Zucker

1–2 Frühlingszwiebeln (Lauchzwiebeln)

250 g frische Kaninchenlebern

1–2 EL Pflanzenöl zum Braten

30 g Butter, etwas Mehl

Vom Weißkraut die äußeren Blätter entfernen, den Kohl vierteln, waschen und den harten Strunk ausschneiden. Die Kohlviertel in etwa 1 mm feine Streifen hobeln.

Aus dem Sherryessig, dem Traubenkernöl, Salz, Pfeffer und einer Prise Zucker eine Vinaigrette rühren. Unter das Kraut mischen und 5 bis 6 Stunden marinieren, dabei öfter durchmischen.

Kurz vorm Servieren die Frühlingszwiebeln waschen und putzen. Den weißen und hellgrünen Teil in dünne Scheiben schneiden und unter das marinierte Weißkraut mischen.

Die Kaninchenlebern putzen und mit Küchenkrepp trocknen. In einer Pfanne das Öl zum Braten erhitzen, die Butter zugeben und aufschäumen lassen. Die Lebern leicht mehlen und schnell in der Pfanne braten, so daß sie außen braun, innen aber gerade noch leicht rosa sind. Jetzt erst salzen und pfeffern. Die Lebern heiß auf mariniertem Weißkraut anrichten und gleich servieren.

Die Kaninchenlebern auf mariniertem Weißkraut ergeben auch eine schöne Vorspeise für 4 Personen.

Kaninchen in Senfsauce

4 Kaninchenkeulen à 200 g

2 mittelgroße Zwiebeln

4 EL Sonnenblumenöl

Salz, Pfeffer aus der Mühle

200 ml Weißwein

2–3 frische Thymianzweige

1 Becher Crème fraîche

2–3 TL Dijon-Senf

Die Kaninchenkeulen waschen und mit Küchenkrepp trocknen. Die Zwiebeln pellen und fein würfeln.

In einem Bräter das Öl erhitzen. Die Keulen salzen und pfeffern, rundum im heißen Öl scharf anbraten. Die Hitze reduzieren, die Zwiebelwürfel zugeben und unter Rühren glasig dünsten.

Den Wein angießen, die gewaschenen Thymianzweige einlegen. Zugedeckt bei schwacher Hitze etwa 1 Stunde schmoren lassen, bis die Keulen gar sind – das Fleisch sollte sich sehr leicht vom Knochen lösen lassen. Zwischendurch nachschauen, ob etwas Flüssigkeit (Wasser und Wein) nachgegossen werden muß.

Wenn das Fleisch ganz weich ist, die Crème fraîche einrühren und bei mittlerer Hitze offen etwas einkochen lassen. Den Senf in die Sauce rühren, mit Salz und Pfeffer abschmecken.

Dazu passen breite, bißfest gekochte Bandnudeln oder Petersilienkartoffeln.

Wiener Schnitzelchen mit Kartoffelsalat

500 g festkochende Kartoffeln (möglichst »speckige« wie Bamberger Hörnle oder Brätlinge)

Salz, nach Belieben Kümmel

1 Tasse Rinderbrühe (Instant oder selbst gekocht)

1–2 EL Sherryessig

3 EL Pflanzenöl

Pfeffer aus der Mühle

1 Bund Schnittlauch

600 g Kalbsfilet am Stück

2 Eigelbe

1 EL Mehl

50 g Paniermehl (Semmelbrösel)

Schweineschmalz zum Braten

1 Zitrone

Die Kartoffeln waschen und in Salzwasser (eventuell mit Kümmel) garen. Die gekochten Kartoffeln abgießen.

Die Rinderbrühe in einem kleinen Topf erwärmen. Aus der warmen Brühe mit Essig und Öl eine Marinade rühren, mit Salz und Pfeffer kräftig abschmecken.

Die warmen Kartoffeln pellen und in dünne Scheiben schneiden. Mit der Marinade vermischen und einige Zeit durchziehen lassen.

Kurz vorm Servieren den Kartoffelsalat nochmals gut abschmecken. Den Schnittlauch waschen, in feine Röllchen schneiden und über den Salat streuen.

Das Kalbsfilet sorgfältig enthäuten und in 5 bis 6 mm dünne, runde Schnitzelchen schneiden. Zwischen Klarsichtfolie legen und mit dem Handballen kräftig flachdrücken (oder mit der flachen Seite des Fleischklopfers vorsichtig bearbeiten).

Die Eigelbe in einen tiefen Teller geben und mit einer Gabel verschlagen. Je einen flachen Teller mit dem Mehl und mit dem Paniermehl bereitstellen. Einen Teller dick mit Küchenkrepp (zum Abtropfen) auslegen.

In einer großen Pfanne reichlich Schweineschmalz stark erhitzen. Die Schnitzelchen salzen und pfeffern, dann schnell erst in Mehl, dann in den Eigelben und schließlich im Paniermehl wenden.
In das Schweineschmalz geben und in 2 bis 3 Minuten knusprig ausbacken.

Die gebratenen Schnitzelchen aus dem Fett heben, auf dem Küchenkrepp abtropfen lassen. Mit etwas Zitronensaft beträufeln und heiß mit dem Kartoffelsalat servieren.

LEWINSKY
MODE CZARSKE
RESTAURATVT DOMBROWSKI
RESTAURANT
SERVUS
SCHNITZELJAGD
DURCHGANG
AUF EIGENE GEFAHR
papan

Hasenfilet im Wirsingblatt

2 Hasenrückenfilets (ausgelöster Rücken), eventuell tiefgekühlt

4 schöne große Wirsingblätter

Salz, Pfeffer aus der Mühle

10 Wacholderbeeren

125 g Egerlinge (braune Champignons)

75 g Räucherspeck in dünnen Scheiben (ca. 1 mm dick)

1 EL Pflanzenöl zum Braten

30 g Butter

1/2 Becher Sahne oder 150 g Crème double

nach Belieben Cognac oder Gin

Die Hasenfilets (tiefgekühlte langsam im Kühlschrank auftauen lassen) waschen, trocknen und in vier gleich große Stücke teilen. Beiseite stellen.

Die Wirsingblätter in sprudelnd kochendem Salzwasser 3 bis 4 Minuten überbrühen. Abtropfen lassen, die Mittelrippen flach schneiden. Die Wacholderbeeren im Mörser oder mit einem großen Messer zerdrücken.

Den Backofen auf 200 °C vorheizen. Die Pilze trocken säubern, putzen und fein hacken. Die Speckscheiben in feine Würfel schneiden.

Die Hasenfilets mit Salz, Pfeffer und Wacholderbeeren einreiben. In einer Pfanne Öl erhitzen, die Butter zugeben und die Filets rundum scharf anbraten, aus der Pfanne nehmen. Im verbliebenen Fett die Speckwürfel glasig braten, dann die Pilze zugeben und unter Rühren garen.

Die Speck-Pilz-Mischung auf die Wirsingblätter verteilen und je ein Hasenfiletstück in die Mitte setzen. Die Blätter seitlich einschlagen, dann aufrollen. Die vier Pakete in einen Bräter setzen, in den sie gerade hineinpassen.

Die Sahne mit etwas Salz, Pfeffer und nach Geschmack etwas Cognac oder Gin verrühren. Über die Wirsingrollen gießen. Den Bräter in den Ofen schieben und die Hasenfilets etwa 15 Minuten braten, dann sind sie noch rosa. Wer sie durchgebraten mag, läßt sie 5 bis 7 Minuten länger im Ofen.

Lammkoteletts mit Orangen-Thymian-Sauce

4 große Lammkoteletts (vom Metzger so schneiden lassen, daß sie doppelt dick sind, aber jeweils nur eine Rippe in der Mitte haben)

1 Knoblauchzehe

4–5 EL Olivenöl

2 Schalotten

125 ml Rinderfond

125 ml Rotwein

1 frischer Thymianzweig

2–3 EL englische Orangenmarmelade

Salz, Pfeffer aus der Mühle

Die Lammkoteletts kurz waschen und die Knochen blank schaben, das Fleisch gut trocknen. Die Knoblauchzehe pellen und halbieren, mit dem Fleisch und dem Öl in einen festen Gefrierbeutel geben und über Nacht im Kühlschrank marinieren.

Zur Zubereitung den Backofen auf 150 °C vorheizen. Die Schalotten pellen und sehr fein würfeln. Eine Pfanne trocken erhitzen und die marinierten Lammkoteletts auf beiden Seiten jeweils 2 Minuten anbraten. Aus der Pfanne in eine hitzefeste Schale heben, in den Ofen stellen und 10 bis 12 Minuten nachziehen lassen.

Die Schalotten in der Pfanne dünsten, bis sie glasig sind. Den Fond, den Rotwein und den Thymianzweig zugeben und aufkochen lassen. Die Orangenmarmelade einrühren und alles 5 Minuten köcheln lassen. Mit Salz und Pfeffer abschmecken.

Die Koteletts aus dem Backofen nehmen, leicht salzen und auf Tellern anrichten. Den Thymianzweig aus der Sauce entfernen, die Sauce über das Fleisch gießen und gleich servieren.

Lammschulter mit Zwiebeln und Paprika geschmort

1 entbeinte Lammschulter (etwa 600 g)

Salz, Pfeffer aus der Mühle

getrockneter Thymian

3 mittelgroße Zwiebeln

1 gelbe Paprikaschote

1 rote Paprikaschote

4 EL Olivenöl

65 ml Weißwein

65 ml Brühe (Instant)

Die Lammschulter auf einem Brett ausbreiten und den Großteil des Fettes abschneiden. Salzen, pfeffern und mit etwas Thymian bestreuen. Mit Küchengarn zu einer Rolle binden.

Die Zwiebeln pellen und in grobe Würfel schneiden. Die Paprikaschoten waschen, halbieren, putzen und entkernen. Die Schoten ebenfalls in Würfel schneiden.

In einem Bräter das Olivenöl erhitzen. Die Lammschulter ringsum etwa 5 Minuten anbraten. Aus dem Bräter heben. Die Zwiebel- und die Paprikawürfel im verbliebenen Öl etwa 5 Minuten unter Rühren dünsten. Den Weißwein und die Brühe angießen, die Lammschulter auf das Gemüsebett setzen, den Deckel auflegen und etwa 1 Stunde bei schwacher Hitze schmoren lassen. Während der Garzeit zwei- bis dreimal das Fleisch wenden und bei Bedarf Wasser oder Brühe nachgießen.

Sollte am Ende der Schmorzeit zuviel Flüssigkeit im Topf sein, ohne Deckel etwas einkochen lassen. Das Gemüse soll zum Schluß zu einer sämigen Sauce zerkocht sein. Fleisch und Sauce mit Salz und Pfeffer würzen, vom Fleisch das Garn entfernen und die Schulter in 2 cm dicke Scheiben schneiden. Mit der Sauce überziehen und heiß servieren.

Zitronenlamm

500 g Lammschulter ohne Knochen

12 kleine Schalotten

1–2 Knoblauchzehen

1 Bund frische Minze

1/2 TL Kreuzkümmel (ganz)

Salz, Pfeffer aus der Mühle

3 EL Pflanzenöl zum Braten

5 Lorbeerblätter

etwas körniges Brühepulver

1–2 Zitronen

1/2 Becher Crème fraîche

Von der Lammschulter größere Fettstücke und Häute entfernen, das Fleisch in 2 cm große Würfel schneiden.

Die Schalotten und Knoblauchzehen pellen. Die Minze waschen, trocknen und grob hacken. Das Fleisch mit Kreuzkümmel, Salz und Pfeffer würzen.

In einem Bräter das Öl erhitzen und die Fleischstücke scharf unter Wenden anbraten. Die unzerteilten Schalotten, die Lorbeerblätter und die Minze zugeben, den Knoblauch durch die Presse dazudrücken. Alles knapp mit Wasser bedecken und etwas Brühepulver dazustreuen. Den Deckel auflegen und das Fleisch insgesamt etwa 45 Minuten bei schwacher Hitze schmoren lassen.

Nach 30 Minuten die Zitronen mit einem scharfen Messer bis ins Fruchtfleisch schälen, so daß die hellen Häute vollständig entfernt werden. Die einzelnen Filets zwischen den Trennwänden mit dem Messer herauslösen und zum Fleisch geben. Den Saft aus den Häuten ebenfalls zum Fleisch ausdrücken.

Das Lammfleisch am besten im Topf servieren, mit einem Klecks glattgerührter Crème fraîche garnieren.

Dazu körnig gekochten Reis oder einfach knuspriges Weißbrot reichen.

Schweinemedaillons mit Fenchel

500 g Schweinefilet (möglichst gleichmäßig dickes Stück)

2–3 Fenchelknollen (je nach Größe)

etwa 30 g frischer Ingwer

nach Belieben 1 Knoblauchzehe

Salz, Pfeffer aus der Mühle

5 EL Pflanzenöl zum Braten

3 EL Honig

6–7 EL Calvados

Das Filet mit Küchenkrepp trocknen, eventuell anhängende Häute entfernen.

Den Fenchel putzen, halbieren und den Strunk keilförmig herausschneiden. Die Hälften waschen und in 1/2 cm dünne Scheiben schneiden. Den Ingwer schälen und auf einer Reibe fein raspeln. Nach Belieben den Knoblauch pellen.

Den Backofen auf 200 °C vorheizen. Das Fleisch mit Salz und Pfeffer einreiben. In einem Bräter 2 EL von dem Öl erhitzen und das Schweinefilet rundum 8 bis 10 Minuten anbraten. Nach Belieben in den letzten Minuten den Knoblauch dazupressen.

Das Fleisch aus dem Bräter heben, die Fenchelscheiben hineingeben, mit 2 EL Öl besprenkeln und leicht salzen. Das Fleisch wieder auf die Fenchelscheiben legen und den Bräter in den Ofen schieben, 25 Minuten garen.

Inzwischen in einem Töpfchen 1 EL Öl erhitzen und den Ingwer unter Rühren 2 bis 3 Minuten andünsten. Den Honig dazugeben und schmelzen lassen. Den Calvados angießen (Vorsicht, daß keine offene Flamme in der Nähe ist!) und bei schwacher Hitze auf die Hälfte der Menge einkochen lassen. Eventuell mit etwas Salz würzen.

Den Bräter aus dem Ofen nehmen, das Fleisch in Scheiben aufschneiden und auf dem Fenchel anrichten. Mit der würzigen Sauce überziehen und servieren.

Schweinebraten »light«

1 kg Kotelettstück vom Schwein ohne Knochen (auch Lende genannt)

5–6 mittelgroße Zwiebeln

1–3 Knoblauchzehen

1 Brühwürfel

5 EL Pflanzenöl zum Braten

Salz, Pfeffer aus der Mühle

getrockneter Rosmarin und/oder Oregano

Das Fleisch mit Küchenkrepp gut trocknen. Die Zwiebeln und den Knoblauch pellen, grob hacken. Den Brühwürfel in etwa 1/2 l warmem Wasser auflösen.

In einem Schmortopf das Öl stark erhitzen. Das Fleisch salzen und pfeffern, rundum braun anbraten. Die Hitze etwas reduzieren, gehackte Zwiebeln und Knoblauch zum Fleisch geben und andünsten. Etwa die Hälfte der Brühe angießen, mit Rosmarin und/oder Oregano würzen. Zugedeckt bei schwächster Hitze etwa 1 1/2 Stunden schmoren lassen, dabei ab und zu nachsehen, ob Brühe nachgegossen werden muß.

Zum Schluß sollte das Fleisch gar und zart sein, die Zwiebeln sind zu einer sämigen Sauce verkocht. Mit Salz und Pfeffer abschmecken. Das Fleisch dünn aufschneiden, mit der Sauce servieren.

> *Dazu passen grüne Böhnchen, kurz und knackig in Salzwasser gekocht, kalt abgeschreckt und dann in ausgelassenem Speckfett geschwenkt. Dieser Schweinebraten schmeckt übrigens auch sehr gut als kalter Aufschnitt.*

F. BECKER

Beinscheiben vom Kalb mit Tomaten

etwa 1,5 kg Kalbshaxe, vom Metzger in 3 cm dicke Scheiben geschnitten

50 g getrocknete Tomaten

12 kleine Zwiebeln

3 Knoblauchzehen

3 EL Olivenöl

Salz, Pfeffer aus der Mühle

etwas Mehl

2 Lorbeerblätter

2 frische Thymianzweige

je 1/8 l Weißwein und Brühe

1 unbehandelte Zitrone

2 EL fein gehackte Petersilie

Die Kalbshaxenscheiben waschen, gut trocknen. Die Tomaten gründlich abspülen, in dünne Streifen schneiden. Die Zwiebeln und den Knoblauch pellen. Die Zwiebeln ganz lassen, 2 Knoblauchzehen grob hacken. Den Backofen auf 200 °C vorheizen. In einem flachen Bräter (zu dem es einen Deckel gibt) das Olivenöl erhitzen.

Fleisch salzen, pfeffern und in Mehl wenden, im heißen Öl auf beiden Seiten scharf anbraten. Zwiebeln, gehackten Knoblauch, Tomatenstreifen, Lorbeerblätter, Thymian zugeben, Wein und Brühe angießen. Deckel auflegen und den Bräter in den Ofen schieben. Etwa 2 Stunden schmoren lassen, nach 1 1/2 Stunden nachschauen, ob eventuell Wein oder Wasser nachzugießen ist.

Für die Gremolata die Zitrone heiß waschen, etwa 1 EL Schale mit dem Zestenreißer abraspeln. Die übrige Knoblauchzehe fein hacken, mit Zitronenschale und gehackter Petersilie vermischen.

Die Beinscheiben in der Sauce anrichten und mit etwas Gremolata bestreuen. Die übrige Würzmischung extra dazu servieren.

> *Falls Sie in Öl eingelegte Tomaten verwenden: nur mit Küchenkrepp trocknen. Die getrockneten, nicht eingelegten erhalten Sie zum Beispiel in Bioläden oder in italienischen Feinkostgeschäften.*

Chili con Carne

1 kg Rumpsteak (Lende)

3–4 Zwiebeln

2–3 Knoblauchzehen

1/2 l Fleischbrühe

1/2 Dose geschälte Tomaten

5–6 EL Pflanzenöl

1 Dose Bohnen (rote oder weiße)

je 1/2 TL gemahlener Kreuzkümmel, Cayennepfeffer und zerstoßene Chilischoten

Salz, Pfeffer aus der Mühle

Fleisch in 1,5 cm große Würfel schneiden. Zwiebeln und Knoblauch pellen, Zwiebeln grob, den Knoblauch fein hacken. Brühe erhitzen. Die Tomaten etwas zerkleinern.

In einem großen Topf das Öl erhitzen, die Fleischwürfel rundum scharf anbraten. Die Zwiebeln und Knoblauch anschmoren. Die Gewürze, Tomaten und Brühe zugeben, Bohnen untermischen und zugedeckt bei schwacher Hitze 20 bis 30 Minuten schmoren lassen. Mit Salz und Pfeffer abschmecken.

Nachtisch und Süßes

Zucker ist neben Fett und Fleisch einer der Hauptfeinde der engagierten Gesundheitsapostel. Und sie haben sicher recht, wenn sie all die süßen Kommerzprodukte meinen, die vor allem Kinder und Jugendliche so nebenbei, fast ohne es zu merken, den ganzen Tag über naschen. Da wir im Gegensatz zu früheren Generationen statt Treppen zu steigen Aufzug fahren und statt Kohlen aus dem Keller zu holen die Zentralheizung anstellen, kann der Körper Fett, Fleisch und Zucker nur in geringen Mengen verarbeiten. Um so wichtiger ist es, auf die Qualität zu achten.
Wenn ich zu einem festlichen Essen einen Nachtisch mache, dann soll es auch etwas Besonderes sein. Deswegen habe ich mich bei diesem Kapitel ganz besonders angestrengt. Natürlich ist mein Lieblingsdessert »In Riesling pochierte Birnen«. Wer meine Ausführungen über »Wein, wie ich ihn mag« gelesen hat, weiß warum.

Zwei Nachtische sind Klassiker aus der böhmisch-österreichischen Küche: die »Diplomaten-Creme« und das »Maronenpüree«. Was die Creme mit Diplomaten zu tun hat, weiß ich nicht. Dafür erinnere ich mich sehr gut, daß es immer sehr aufwendig war, die Maronen zu schälen.
Ich habe diese Prozedur im Anschluß an das Rezept beschrieben. Heute kauft man sie geschält und vorgekocht im Glas, in der Dose oder vakuumverpackt.
Auch das Pürieren war in alten Zeiten ohne Mixer oder Küchenmaschine viel schwieriger. Heute ist das Maronenpüree ein Dessert, das sehr einfach zu machen ist. Und es schmeckt immer noch vorzüglich.

Zimtparfait

4 Eier

175 g Zucker

1 EL Zimtpulver

250 g gut gekühlte Sahne

4 Eiweiße

2 Gläschen Mokkalikör

Die Eier mit dem Zucker und Zimt über dem heißen Wasserbad bei kleiner Hitze in etwa 10 Minuten dickschaumig schlagen. Den Eierschaum abkühlen lassen.

Die Sahne und die Eiweiße getrennt steif schlagen. Wenn der Eierschaum abgekühlt ist, den Mokkalikör einrühren und den Schaum noch 3 Minuten schlagen. Die Schlagsahne und den Eischnee unterheben, die Masse in eine Kastenform oder eine Glasschüssel füllen und ins Tiefkühlfach stellen. 3 bis 4 Stunden gefrieren lassen, bis das Parfait fest, aber nicht zu hart ist.

Zum Servieren aus der Form stürzen und in Scheiben schneiden.

Zabaione

6 Eigelbe (von großen Eiern)

125 g Zucker

100 ml trockener Weißwein

100 ml Marsala

In einer Schlagschüssel die Eigelbe und den Zucker mit dem Schneebesen schaumig rühren, den Wein und den Marsala dazugießen und die Schüssel auf ein siedendes Wasserbad setzen. Unter ständigem Schlagen erhitzen, bis die Masse dicklich ist. Aufpassen, daß die Zabaione nicht zu heiß wird, sonst gerinnt sie zu Rührei. Sobald die Creme dick und schaumig ist, sofort in Dessertschalen füllen und servieren.

Ein Dessert, das erst in letzter Minute zubereitet werden darf, sonst ist es um die schaumige Pracht geschehen.

Himbeeraufläufchen

250 g Himbeeren (es dürfen auch tiefgekühlte sein)

1 Ei

2 Eigelbe

150 g Puderzucker

1 EL Mehl

250 g Crème double

1–2 EL Himbeergeist

Die Himbeeren verlesen, kurz waschen, abtropfen (oder auftauen) lassen. Backofen auf 200 °C vorheizen.

In einer Schüssel das Ei mit den Eigelben und dem Puderzucker verrühren. Das Mehl und die Crème double zugeben und glattrühren.

Die Himbeeren in Portionsförmchen (flache Auflaufförmchen) verteilen und mit Himbeergeist beträufeln. Den Teig vorsichtig darübergießen. Die Förmchen in den Ofen schieben und 20 bis 30 Minuten backen, bis der Teig goldbraun und fest ist. Heiß servieren.

Apfelringe in Bierteig

5–6 säuerliche Äpfel (zum Beispiel Boskop)

2–3 EL Zitronensaft

120 g Zucker

2–3 TL Rum

200 g Mehl

1/4 l helles Bier

Salz

50 g Butter

2 Eier

Butterschmalz zum Ausbacken

Zucker und Zimt zum Bestreuen

Die Äpfel schälen und die Kerngehäuse ausstechen. Die Äpfel in 1 cm dicke Scheiben schneiden. Den Zitronensaft mit 20 g Zucker und dem Rum verrühren, über die Apfelscheiben gießen und 30 Minuten beiseite stellen.

Für den Bierteig das Mehl mit dem Bier, restlichem Zucker (100 g) und einer Prise Salz glattrühren. 20 Minuten quellen lassen.

Die Butter zerlassen und wieder abkühlen lassen. Die Eier sorgfältig trennen, die Eigelbe und die Butter zum Teig rühren. Die Eiweiße zu Schnee schlagen und unter den Bierteig heben.

In einer Pfanne reichlich Butterschmalz stark erhitzen. Die Apfelscheiben abtropfen lassen, portionsweise durch den Bierteig ziehen und auf beiden Seiten goldbraun ausbacken. Die fertigen Ringe auf Küchenkrepp entfetten, anschließend in einer Zucker-Zimt-Mischung wenden. Heiß servieren.

Maronenpüree

500 g Maronen (Eßkastanien, vakuumverpackt oder Dose)

1 Vanilleschote

etwa 1 l Milch

1 Becher gut gekühlte Sahne

100 g Puderzucker

2 cl Rum

Die Maronen in ein Sieb gießen. Die Vanilleschote längs aufschlitzen und mit den Maronen in einen Topf geben. Soviel Milch aufgießen, daß die Maronen gut bedeckt sind. Erhitzen und etwa 30 Minuten leise köcheln lassen, bis die Kastanien weich sind.

Die Sahne sehr steif schlagen. Die Vanilleschote aus dem Topf nehmen, eventuell verbliebene Milch abgießen und die Maronen mit dem Puderzucker und dem Rum in der Küchenmaschine (im Mixer) pürieren. Das Püree mit einer Kartoffel- oder Spätzlepresse in Dessertschalen drücken – so entstehen »Maronen-Spaghetti« – und mit der Schlagsahne garniert servieren.

Frische Maronen gibt es im Herbst bis in den Winter. Davon benötigen Sie etwa 750 g. Die Schalen einritzen und die Maronen auf einem Backblech im heißen Backofen (200 °C) etwa 20 Minuten backen, bis die Schalen aufspringen. Noch warm schälen und die braunen Häute abziehen. Sie müssen etwa 45 Minuten in der Milch köcheln, bis sie weich sind.

Schnelle rote Grütze

1 Paket Beerenmischung (tiefgekühlt)

3–4 EL Zucker

1 Päckchen Vanillepuddingpulver

eventuell kalte Sahne zum Servieren

Die Beerenmischung in einen Topf geben, mit dem Zucker bestreuen und bei schwacher Hitze auftauen lassen.

Das Puddingpulver in 3 bis 4 EL heißem Wasser auflösen und zu der kochenden Beerenmischung rühren. So lange leise köcheln lassen, bis sich der Vanillegeschmack mit den Beeren verbunden hat. Kalt stellen.

Zum Servieren die Grütze in Schälchen füllen und mit wenig kalter, flüssiger Sahne übergießen. Oder die Vanillesauce dazu reichen.

Vanillesauce

400 ml Vollmilch

3 Eigelbe

2–3 EL Zucker

1/2 Vanilleschote

Von der Milch eine Tasse voll abnehmen. Mit den Eigelben und dem Zucker verrühren.

Die restliche Milch in einen Topf gießen. Die Vanilleschote aufschlitzen und das Mark zur Milch schaben. Die Schote ebenfalls in die Milch geben. Einmal aufkochen lassen. Die Eigelbmilch mit dem Schneebesen einrühren und kräftig aufschlagen. Vom Herd nehmen und die Vanilleschote entfernen.

Etwas abkühlen oder ganz erkalten lassen, dabei am Anfang ab und zu umrühren, damit sich keine Haut bildet.

> *Die Sauce hält sich auch zugedeckt im Kühlschrank bis zum nächsten Tag.*

In Riesling pochierte Birnen

4–6 reife, aber nicht zu weiche Birnen (zum Beispiel Williams)

1–2 Vanilleschoten

1 Flasche Riesling-Wein

250 g Zucker

Saft und Schale einer unbehandelten Zitrone

4 EL Honig

Schlagsahne zum Servieren

Die Birnen schälen, dabei den Stiel als Dekoration dranlassen. Die Vanilleschoten längs aufschlitzen.

In einen Topf, in dem später die Birnen gerade Platz haben, den Wein mit 1/4 l Wasser, den Vanilleschoten, Zucker, Saft und Schale der Zitrone und dem Honig aufkochen. Die Temperatur zurückschalten und die Birnen in den Sud legen.

Die Birnen in der nur leise simmernden Flüssigkeit 8 bis 15 Minuten je nach Reife und Größe pochieren. Sie sollen noch ziemlich fest sein.
In dem Weinsud abkühlen lassen.

Zum Servieren die Birnen aus dem Sud heben und längs halbieren (nach Belieben auch das Kerngehäuse entfernen und die Birnenhälften fächerartig aufschneiden). Auf Tellern anrichten und mit einem Klecks Schlagsahne garnieren.

Besonders gut, wenn man die Sahne mit Puderzucker aufschlägt und mit etwas Birnengeist parfümiert.

Gedünstete Äpfel mit Walnußsauce

100 g Walnußkerne

2 große säuerliche Äpfel (zum Beispiel Boskop)

1/2 unbehandelte Zitrone

65 g Butter

5–6 EL Zucker

125 g Sahne

Zucker, Zimtpulver und ein Schuß Weißwein

Die Walnußkerne im Mörser zerstoßen (oder mit dem Blitzhacker zerkleinern).

Die Äpfel waschen, die Kerngehäuse ausbohren. Die Äpfel nach Belieben schälen, mit etwas Zitronensaft einreiben. Beiseite stellen.

In einer Kasserolle 40 g Butter erhitzen, den Zucker einstreuen und hellbraun karamelisieren lassen, dabei mit einem Holzlöffel rühren.

Die Kasserolle vom Herd nehmen und 2 EL Wasser zugießen. Die Nüsse einrühren und bei schwacher Hitze 5 Minuten köcheln lassen. Die Sahne zugießen und weiter leise kochen lassen, bis die Sauce sämig ist.

Inzwischen die Äpfel in etwa 1,5 mm dünne Ringe schneiden. Die übrige Butter (25 g) in einer großen Pfanne zerlassen, die Apfelringe einlegen, mit etwas Zucker und Zimtpulver bestreuen und leicht andünsten.

Etwas Wein angießen und ein Stückchen Zitronenschale dazulegen. Zugedeckt bei kleiner Hitze weich, aber nicht matschig dünsten. Auf Dessertteller verteilen und mit Walnußsauce servieren.

Apfelsinen-Gratin

4–5 Orangen

4–5 EL Orangenlikör (Grand Marnier)

100 g gut gekühlte Sahne

2 Eier

25 g Zucker

50 g Puderzucker

50 g Magerquark

Die Orangen mit einem Messer so schälen, daß auch die weißen Häute entfernt werden. Über einer Schüssel die einzelnen Filets herausschneiden, dabei den Saft auffangen. Den Saft aus den Resten ebenfalls in die Schüssel pressen. Die Orangenfilets im Saft mit der Hälfte vom Orangenlikör ziehen lassen.

Den Backofen auf 220 °C vorheizen. Die Sahne mit dem übrigen Orangenlikör steif schlagen. Die Eier trennen. Die Eigelbe mit dem Zucker und Puderzucker schaumig rühren. Den Quark und die geschlagene Sahne untermischen. Die Eiweiße zu festem Schnee schlagen und unter die Quarkmischung heben.

Die marinierten Orangenfilets auf ofenfeste Teller verteilen und die Schaummasse darüber verteilen. Im heißen Ofen goldgelb backen und heiß servieren.

Kirschauflauf

1 großes Glas Sauerkirschen

3/8 l Milch (375 ml)

4 Eier

3 EL Zucker

1 EL Vanillezucker (siehe Tip)

3 EL Mehl

1–2 EL Kirschwasser

1 Prise Salz

Butter für die Backform

Puderzucker zum Bestäuben

Die Sauerkirschen in ein Sieb gießen und gut abtropfen lassen. Mit Küchenkrepp sehr gründlich trocknen.

Den Backofen auf 220 °C vorheizen. In einer Küchenmaschine oder mit einem Mixer die Milch mit Eiern, Zucker, Vanillezucker, Mehl, Kirschwasser und einer Prise Salz zu einem glatten Teig vermischen. Eine Auflaufform gut mit Butter ausstreichen.

Die Sauerkirschen in der Auflaufform verteilen. Den Teig darüber gießen. In den heißen Ofen schieben und etwa 25 Minuten backen. Dann den Auflauf mit Puderzucker bestäuben und noch etwa 15 Minuten backen, bis die Oberfläche gut gebräunt ist. Heiß oder lauwarm als Dessert oder nachmittags zum Kaffee servieren.

Beim Vanillezucker auf den Packungsaufdruck achten: Der echte Vanillezucker ist teurer als der »Vanillinzucker«, der nur mit Aroma aus der Retorte hergestellt wird. Der echte würzt viel feiner, differenzierter. Zum Selbstmachen 2 Vanilleschoten längs aufschlitzen und halbieren, in ein Schraubglas geben und mit 4 bis 5 EL Zucker bedecken. Fest verschließen und einige Tage durchziehen lassen.

Diplomaten-Creme

1/2 l Milch

1 Eigelb

40 g Zucker

1 Päckchen Vanillepuddingpulver (für 1/2 l Milch, zum Kochen)

1 Vanilleschote

1 Becher gut gekühlte Sahne

1 Päckchen Löffelbiskuits

Aprikosen-(Marillen-)Schnaps

etwa 150 g Aprikosenkonfitüre

In einem Schüsselchen 4 EL von der Milch mit dem Eigelb, Zucker und Puddingpulver verquirlen. Die übrige Milch in einen Topf füllen. Die Vanilleschote längs aufschlitzen, die Kernchen in die Milch schaben, die Schote zugeben und die Milch bis zum Siedepunkt erhitzen.

Den Topf vom Herd nehmen und die angerührte Puddingmasse in die heiße Milch rühren, wieder auf den Herd setzen und unter ständigem Rühren kurz aufkochen lassen. Den fertigen Pudding abkühlen lassen, dabei ab und zu durchrühren. Wenn der Pudding kalt ist, die gut gekühlte Sahne steif schlagen und unterziehen.

Eine (möglichst rechteckige) Schüssel mit einer Schicht Löffelbiskuits auslegen, mit etwas Schnaps beträufeln und eine dünne Schicht Aprikosenkonfitüre darauf streichen. Eine Schicht Pudding darüber füllen.

Wieder Löffelbiskuits, Schnaps, Aprikosenkonfitüre und so weiter einschichten, den Abschluß sollte die Puddingcreme bilden. Den Nachtisch gut durchziehen lassen. In der Form servieren.

Statt der Aprikosenkonfitüre können Sie auch 500 g frische Aprikosen waschen, halbieren oder vierteln und in einem Topf mit etwas Wasser und Zucker (je nach Reife und Süße der Aprikosen) nicht zu weich garen. Abkühlen lassen und wie Konfitüre zum Schichten nehmen.

Reispudding mit Beeren

200 g Beerenmischung (tiefgekühlt)

3/4 l Milch

100 g Milchreis

1 Prise Salz

etwas Zucker

4 EL Puderzucker

2 Eiweiße

1/2 TL sehr fein geriebene Zitronenschale

Butter für die Form

Die Beerenmischung ausgebreitet auftauen lassen.

Die Milch erhitzen. Wenn sie kocht, den Milchreis mit einer Prise Salz einrühren und einmal aufkochen. Bei ganz schwacher Hitze ungefähr 1 Stunde ausquellen lassen. Mit Zucker nach Belieben abschmecken und etwas abkühlen lassen.

Den Backofen mit Grill (wenn nicht vorhanden, den Ofen auf höchster Stufe) vorheizen. Die aufgetauten Beeren mit 3 EL Puderzucker pürieren. Die Eiweiße steif schlagen, 1 EL Puderzucker und die geriebene Zitronenschale gründlich unterheben.

Eine große oder mehrere kleine ofenfeste Formen mit Butter ausstreichen. Abwechselnd Reis und Beerenpüree einschichten. Die Oberfläche mit der Eiweißmasse bedekken, unter den heißen Grill schieben, bis die Oberfläche leicht gebräunt ist. Sofort heiß servieren.

Tarte Tatin

200 g Mehl

140 g Butter

9 EL Zucker

2 EL Milch

2 EL neutrales Pflanzenöl

1 Eigelb

4–5 Äpfel

2–3 EL Zitronensaft

Das Mehl mit 100 g Butter, 2 EL Zucker, Milch, Öl und dem Eigelb schnell zu einem Mürbeteig verkneten, in Folie einschlagen und 1 Stunde im Kühlschrank ruhenlassen.

Die Äpfel schälen, Kerngehäuse entfernen und die Äpfel in grobe Schnitze schneiden. Mit dem Zitronensaft beträufeln und beiseite stellen.

Den Backofen auf 200 °C vorheizen. Den Boden einer flachen Kuchenform von etwa 20 cm Durchmesser mit 5 EL Zucker ausstreuen, die Form in den Ofen stellen und den Zucker hellbraun karamelisieren lassen. Die Form aus dem Ofen nehmen und die marinierten Apfelschnitze auf dem Karamel verteilen, noch 2 EL Zucker darüber streuen und die übrige Butter (40 g) in Flöckchen darauf geben.

Den Mürbeteig aus der Folie nehmen und ein Stück in Größe der Form etwa 4 mm dünn ausrollen. Auf die Apfelfüllung legen.

Den Ofen auf 220 °C schalten und die Tarte 20 bis 25 Minuten backen, bis die Teigoberfläche schön gebräunt ist.

Die Tarte so auf eine Platte stürzen, daß die Äpfel nach oben kommen. Die Tarte Tatin warm servieren.

> *Wer mag, kann die Tarte mit leicht angewärmtem Calvados flambieren und halbsteif geschlagene Sahne dazu servieren. Der übriggebliebene Teig läßt sich gut einfrieren.*

Apfel-»Blatz«-Auflauf mit Karamelsauce

Für den Auflauf:

1 Hefezopf oder »Blatz« vom Vortag

2 säuerliche Äpfel (zum Beispiel Boskop)

1 Vanilleschote

zimmerwarme Butter für die Förmchen und zum Belegen

brauner Zucker zum Aus- und Bestreuen

200 g Sahne

200 ml Milch

2 Eier

2 EL Puderzucker

Für die Karamelsauce:

50 g Butter

100 g brauner Zucker

1/2 Becher Sahne (etwa 100 g)

Den Hefezopf oder »Blatz« in dünne Scheiben schneiden. Die Äpfel schälen, vierteln und die Kerngehäuse ausschneiden. Die Apfelviertel in dünne Schnitze schneiden.

Die Vanilleschote längs aufschlitzen und das Mark herauskratzen (aufheben!).

Portions-Auflaufförmchen gut mit weicher Butter ausstreichen. Mit braunem Zucker ausstreuen, überschüssigen Zucker aus den Förmchen schütten.

Die Förmchen mit Brotscheiben auskleiden, dann die Apfelschnitze und weiteres zerpflücktes Brot einfüllen, bis die Förmchen bis zum Rand gefüllt sind.

Im Mixer oder mit dem Handrührgerät die Sahne mit Milch, Eiern, Puderzucker und dem Vanillemark verquirlen. Die Mischung auf die Förmchen verteilen und etwa 30 Minuten einziehen lassen. Den Backofen auf 200 °C vorheizen.

Die Aufläufe mit Butterflöckchen belegen und mit etwas braunem Zucker bestreuen. Die Förmchen in eine ofenfeste Pfanne stellen und seitlich soviel Wasser angießen, daß die Förmchen bis zur Hälfte im Wasser stehen. Im Ofen 30 bis 40 Minuten backen.

Für die Karamelsauce kurz vor Backzeitende die Butter in einer Pfanne schmelzen lassen. Den Zucker einstreuen und 2 EL Wasser zugeben. Bei kleiner Hitze unter Rühren zerlaufen lassen. Die Sahne aufgießen und noch 5 Minuten leise köcheln lassen.

Die Brotaufläufe vorsichtig auf Teller stürzen und mit der Karamelsauce umgießen. Warm servieren.

Beeren mit Portwein-Zabaione

1 Paket Beerenmischung (tiefgekühlt, 300 g) oder frische Erdbeeren, Himbeeren, Heidelbeeren, Johannisbeeren

3 EL Zucker

1 unbehandelte Orange

2 EL Puderzucker

100 ml weißer Portwein

2 Eigelbe

nach Belieben frische Minze zum Garnieren

Die Beerenmischung ausbreiten, mit Zucker bestreuen und auftauen lassen.

Die Orange heiß waschen, die Schale abraspeln, den Saft auspressen und mit der Schale und Puderzucker in eine halbrunde Metallschüssel geben. Den Portwein und die Eigelbe unterrühren.

Die Schüssel auf ein leise köchelndes Wasserbad setzen und die Mischung mit dem Handrührgerät (Schneebesen) weißschaumig aufschlagen, bis sich das Volumen des Weinschaumes etwa verdoppelt hat und die Mischung dick und cremig geworden ist. In eine Schüssel mit Eiswasser stellen und weiterschlagen, bis die Creme etwas abgekühlt ist.

Die Beeren auf Dessertteller verteilen und die Portwein-Zabaione darüber gießen. Nach Belieben mit Minzeblättern garnieren.

Meringen (Baiser)

4 Eier

200 g feiner Zucker

5–6 Tropfen Zitronensaft

Puderzucker zum Bestäuben

1 Becher Sahne

50 g Puderzucker

Den Backofen auf 100 bis 120 °C vorheizen. Die Eier (kühlschranktemperiert) sorgfältig trennen und die Eiweiße zu sehr festem Schnee schlagen, dabei gegen Ende den Zitronensaft, der dem Schnee besondere Standfestigkeit gibt, unterschlagen. Nach und nach den Zucker einrieseln lassen, dabei weiterschlagen, bis die Masse sehr steif und glatt ist.

Das Backblech mit Backpapier auslegen und mit etwas Wasser befeuchten. Mit einem Löffel oder einem Spritzbeutel etwa 5 bis 6 lange »Schaum-Eier« auf das Backpapier formen, mit Puderzucker durch ein feines Sieb bestäuben und im Backofen auf der mittleren Schiene etwa 60 bis 90 Minuten langsam trocknen lassen. Am besten zu gegebener Zeit eine Meringe (Baiser) aufschneiden und prüfen, ob sie außen fest und innen noch weich ist. So sind sie richtig!

Die Sahne mit dem Puderzucker zu Schlagsahne schlagen und zu den Meringen servieren. Je nach Geschmack kann man die Sahne mit etwas Orangenlikör oder Himbeerwasser parfümieren.

Natürlich kann man dieses Dessert mit jeder Art von Obst kombinieren. Im Elsaß wird dazu auch Vanilleeis serviert.

Es gibt eine Art,
Gastfreundschaft zu zeigen,
die dem wenigen, was man darreicht,
einen höheren Wert gibt
als große Schmausereien.

Adolph Freiherr von Knigge,
Über den Umgang mit Menschen

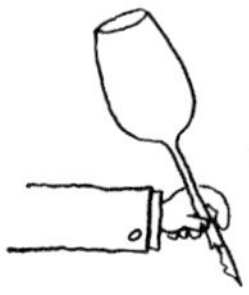

Rezepte von A bis Z

*Mit * sind vegetarische Gerichte gekennzeichnet, die fleisch-, fischlos und ohne entsprechende Brühen zubereitet werden.*

Alle Rezepte sind für 4 Personen, soweit nicht anders angegeben.

Weinliteratur:

»Handbuch Wein«, Jens Priewe (Verlag Zabert Sandmann)
»Kleine Weinschule«, Jens Priewe (Verlag Zabert Sandmann)
»Wein – Die neue große Schule«, Jens Priewe (Verlag Zabert Sandmann)
»Wein – Die Neue Welt«, Jens Priewe (Verlag Zabert Sandmann)
»Wein – Die praktische Schule«, Jens Priewe (Verlag Zabert Sandmann)
»Wein entdecken«, Joanna Simon (Hallwag Verlag)
»Weine prüfen, kennen, genießen«, Michael Broadbent (Hallwag Verlag)
»Der große Johnson«, Hugh Johnson (Hallwag Verlag)
»Der kleine Johnson«, Hugh Johnson (Hallwag Verlag)
»Die großen deutschen Riesling-Weine«, Stuart Pigott (Econ Verlag)
»Flaschenpost aus …«, Horst Dohm (Keyser Verlag)
»Gault Millau – Weinguide Deutschland 2006«, Armin Diel, Joel Payne (Christian Verlag)